초발심자경문
初發心自警文

초발심자경문
初發心自警文

시우송강 역해

도서출판 도반

송강스님

- 한산 화엄(寒山華嚴)선사를 은사로 득도
- 화엄, 향곡, 성철, 경봉, 해산, 탄허, 석암 큰스님들로부터 선(禪), 교(敎), 율(律)을 지도 받으며 수행
- 중앙승가대학교에서 5년에 걸쳐 팔만대장경을 일람(一覽)
- BBS 불교라디오방송 '자비의 전화' 진행
- BTN 불교TV방송 '송강 스님의 기초교리 강좌' 진행
- 불교신문 '송강 스님의 백문백답' 연재
- 불교신문 '송강 스님의 마음으로 보기' 연재
- 『금강반야바라밀경』시리즈, 『송강스님의 백문백답』, 『송강 스님의 인도 성지 순례』, 『송강스님의 미얀마 성지순례』『경허선사 깨달음의 노래(悟道歌)』, 『삼조 승찬 대사 신심명(信心銘)』, 『송강스님이 완전히 새롭게 쓴 부처님의 생애』 출간
- 서울 강서구 개화산(開花山) 개화사(開華寺) 창건
- 현재 개화사 주지로 있으며, 인연 닿는 이들이 본래 면목을 깨달을 수 있도록 기초교리로부터 선어록에 이르기까지 다양한 강좌를 진행하고 있으며, 차, 향, 음악, 정좌, 정념 등을 활용한 법회들을 통해 마음 치유와 수행을 지도하고 있음

책을 펴내며

돈은 많았으나 매우 어리석은 부자가 있었습니다. 어느 날 다른 부잣집에 놀러갔다가 아름다운 삼층 누각에 오르게 되었습니다. 높고 시원한 누각에 부러움이 생긴 그는 집에 돌아오자 삼층 누각을 지은 목수에게 똑같은 누각을 지으라고 시켰습니다. 목수는 곧 땅을 고르고 기초 작업을 하기 시작했습니다. 그것을 본 어리석은 부자는 기초도 1층도 2층도 필요 없으니 곧바로 3층 누각을 지으라고 요구했습니다. 바로 『백유경(百喩經)』에 나오는 얘기입니다. 누구라도 이 얘기를 접하면 어리석은 부자를 비웃겠지만, 사실 마음공부나 수행에 있어서는 대부분이 어리석은 부자와 같은 욕심을 냅니다.

최근의 보고서에서 출가를 희망했던 행자들이 출가를 포기하는 이유로 행자들에게 고된 일만 시키기 때문이라는 분석을 본 일이 있습니다. 그것은 어리석은 부자가 기초 작업 따윈 필요 없다고 하는 것과 다를 것이 없는 분석입니다. 비록 겉보기에는 그저 고된 막노동처럼 보일지라도 그것이 행자의 아만(我慢)과 분별(分別)을 내려놓게 하는 필요한 과정이라는 것을 체험해 보지 않은 이들은 알 수가 없는 것이지요.

예로부터 출가 초기에 반드시 배우고 익혀서 완전히 자기 것으로 만들어야 했던 교재가 있습니다. 바로 『초발심자경문』입니다. 세 분의 고승이 후학들을 위해 저술한 것을 통칭하여 부르는 이 교재는 깨달음으로 나아가는 초석이 될 뿐만 아니라 수행의 전 과정에서 결코 잊어서는 안 될 금과옥조(金科玉條)라고 할 것입니다.

출가해서 오랜 세월이 지난 스님들을 만나보면 바로 이 교재의 가르침을 익혀 자기 것으로 한 이와 그렇지 못한 이가 확연히 구분됩니다. 잘 익힌 이는 착실하게 자기 수행을 하여 다른 이들의 선지식 역할을 하고 있습니다.

개인적으로는 고등학교 2학년 때 눈물을 흘리며 『초발심자경문』을 공부한 이래 항상 곁에 두었고, 여러 차례 강의를 하면서 늘 새로운 감동을 받았습니다.

불교 수행은 출가자만 하는 것이 아닙니다. 재가불자도 충분히 수행을 할 수 있습니다. 그래서 『초발심자경문』을 출가자는 물론 재가불자에게도 맞추어 해설을 해 보았습니다. 이것은 10년에서 20년 정도 저와 함께 공부했던 개화사 일요정기법회 불자들에게 강의했던 내용이기도 합니다.

지식은 인터넷을 통해 누구나 전문가처럼 될 수

도 있습니다. 그러나 수행은 자기의 마음공부이기에 인터넷의 지식으로도 해결이 되지 않습니다. 오직 깨닫겠다는 확고한 신념으로 용맹스럽게 정진하는 사람만이 마음공부를 할 수 있습니다. 온갖 이론이 한 번의 실천을 대신하지 못합니다.

많은 분들이 세 분 고승의 간절한 가르침과 인연이 되어 자유롭고 행복한 사람이 되었으면 합니다.

2016년 가을 백일관음기도를 시작하면서
開花山 開華寺에서 時雨 松江 合掌

차례

수행의 주춧돌 16
계초심학인문

계초심학인문 01　보조국사 28

계초심학인문 02 42
　　송강 해설 수행의 근본 정신을 지켜라.

계초심학인문 03 62
　　송강 해설 타인을 배려하라

계초심학인문 04 74
　　송강 해설 조화롭게 하라

계초심학인문 05 86
　　송강 해설 문단속을 잘하라

계초심학인문 06 99
　　송강 해설 지혜롭게 나아가라

계초심학인문 07 110
　　송강 해설 도를 마음에 품은 사람

계초심학인문 08 117
　　송강 해설 선정과 지혜가 원만한 자리

발심수행장

발심수행장 01   위대한 스승의 향기   130

발심수행장 02   139
    송강 해설 부처와 중생의 차이

발심수행장 03   148
    송강 해설 수행자의 마음가짐

발심수행장 04   155
    송강 해설 해탈하기 위한 조건

발심수행장 05   165
    송강 해설 행복해지는 지름길

발심수행장 06   173
    송강 해설 깨달음을 기약하라

발심수행장 07   180
    송강 해설 점차 멀어져 간다

발심수행장 08   186
    송강 해설 아직은 늦지 않았네

자경문

자경문 01   192
    송강 해설 언제까지 범부로 살려는가

자경문 02   198
    송강 해설 위대한 장부

자경문 03   205
    송강 해설 스스로 하기에 달렸다

자경문 04   209
    송강 해설 도 닦는데 말세는 상관없다

자경문 05   214
    송강 해설 자신을 낮게 평가하지 말라

자경문 06   218
    송강 해설 스스로 닦지 않고 남을 괴롭히네

자경문 07   224
    송강 해설 스스로 나락에 떨어질 뿐이다

자경문 08   230
    송강 해설 편한 생활을 바라지 말라

자경문 9   239
    송강 해설 인색하지도 탐내지도 말라

자경문 10   246
    송강 해설 입과 몸의 업 맑히기

자경문 11　　　　　　　　　　　　253
　송강 해설 훌륭한 벗을 가까이 할 것

자경문 12　　　　　　　　　　　　260
　송강 해설 항상 맑게 깨어 있어라

자경문 13　　　　　　　　　　　　267
　송강 해설 자신을 높이지 말고 남을 낮추지 말라

자경문 14　　　　　　　　　　　　274
　송강 해설 바른 마음으로 유혹을 극복하라

자경문 15　　　　　　　　　　　　282
　송강 해설 출가의 큰 뜻을 잊지 말라

자경문 16　　　　　　　　　　　　290
　송강 해설 남의 잘못에 대해 떠들지 말라

자경문 17　　　　　　　　　　　　299
　송강 해설 평등한 마음이 보배다

자경문 18　　　　　　　　　　　　308
　송강 해설 얼마나 고귀한 존재인지를 알라

자경문 19　　　　　　　　　　　　318
　송강 해설 다만 하지 않을 뿐이다

자경문 20　　　　　　　　　　　　324
　송강 해설 확고한 신심이 성불의 길이다

강의를 시작하며

초발심자경문(初發心自警文)은 출가한 스님들이 행자생활(수계 전의 수습기간)을 하면서 반드시 외워야 할 교재였다. 공양간(供養間-부엌)에서 채공(菜供-반찬 만드는 소임)이나 공양주(供養主-밥을 짓는 소임)를 하면서 손가락이나 부지깽이로 한문을 써가며 외우던 것이었고, 큰스님들의 시중을 드는 시자(侍者)를 하면서도 틈틈이 익혀야 하는 교과서 같은 것이었다.

글의 내용을 살펴보면 출가한 스님뿐만 아니라 재가불자라도 반드시 공부해야 할 글이라고 생각한다. 실제로 이전에 불교를 공부하던 학생회나 청년회에서는 대체로 교재로 선택하여 강의를 들었던 것이다. 나는 1968년 처음 초발심자경문을 한문으로 공부할 때의 감동을 아직도 잊을 수 없다.

초발심자경문(初發心自警文)은 세 가지 글을 묶어

보조국사 진영 1

수행의 주춧돌 17

놓은 것이다. 고려말(高麗末)의 보조 지눌(普照知訥, 1158~1210)스님이 지은『계초심학인문(誡初心學人文)』, 신라(新羅)의 보살이라 일컬어진 원효(元曉, 617~686)대사가 지은『발심수행장(發心修行章)』, 고려말 나옹(懶翁, 1320~1376)선사의 제자였던 야운(野雲, 생몰연대 미상)스님의 글인『자경문(自警文)』을 통칭하여 일컫는 말이다.

세 글의 요점을 대강 정리해 본다.

계초심학인문(誡初心學人文)

'처음 마음을 내어 배우는 사람을 훈계하는 글'이라는 제목에서도 알 수 있듯이, 이 글은 처음 불교수행에 마음을 내어 본격적으로 출가수행하는 이들을 대상으로 하였다. 비록 출가수행에 뜻을 두었으나 세속적인 생각이나 습관이 강하게 남아 있어서 자칫 그릇된 길로 빠지기 쉽다는 것을 어른들은 잘 안다. 스스로도 그런 유혹을 경험하였고, 그것을

보조국사 진영 2

잘 극복했기에 선지식이 될 수 있었기 때문이다.

본문은 우선 기본적인 것부터 갖출 것을 충고하였다. 즉 수행에 뜻을 두었다면 선지식을 가까이하면서 지침이 될 계(戒)를 받아 지니고, 적절히 활용하되 반드시 부처님의 가르침에 의지할 것을 밝혔다.

이어서 대중생활에서의 소소하고 구체적인 것들을 짚어주면서 대중과 화합하는 법을 열거하였고, 자신의 마음자세를 어떻게 갈무리해야 하는지를 밝혀 두었으며, 그리하여 지혜와 자비를 갖추어 중생을 제도할 수 있을 때까지 쉼 없이 정진할 것을 간절하게 충고하고 있다.

비록 출가자를 대상으로 하였으나, 재가자도 공부하려는 마음을 낸 사람이라면 모름지기 지켜야 할 일들이다.

원효대사 진영 1

발심수행장(發心修行章)

깨달아 성불한다는 것은 결코 쉬운 일이 아니다. 우선은 발심(發心)의 상태가 계속 유지되어야 한다. 발심은 발보리심(發菩提心)이니, 곧 깨달아야겠다는 마음을 계속 유지하는 것이다. 공부를 해보면 알겠지만, 그 마음을 계속 유지한다는 것이 쉽지 않다. 마치 장난꾸러기 같기도 하고 반항아 같기도 한 범부(凡夫)의 마음은 제멋대로 천방지축으로 날뛰려고 하기 때문이다.

모든 부처님은 탐욕을 버리고 능히 어려운 수행을 철저히 하셨기에 성불하신 것이며, 중생은 자신의 몸과 탐심을 보물로 삼았기 때문에 중생으로 사는 것이라고 이 글은 시작된다.

깨닫고자 하는 마음을 내었으나 자칫하면 옆길로 벗어난다. 이것은 출가 초기에만 있는 일이 아니다. 해가 거듭되고 공부하는 것이 깊어져도 끝없이 마음장난이 계속되는데, 이 글에서는 되풀이해

원효대사 진영 2

서 그것을 극복하라고 짚어준다. 비록 마음을 내었으나 실천하지 않으면 아무 소용이 없다. 수행이 따르지 않는 마음의 각오는 그저 제자리걸음만 할 뿐이다. 어쩌면 점차 수행에 대해 무기력해질 지도 모른다. 그러면서 마음 또한 깨달음으로부터 멀어지게 마련이다. 이 글은 이러한 것들을 경계한다. 부질없이 세월만 보낸 뒤 후회하지 말라고 간절하게 조언을 하고 있다.

출가 수행자가 이 글을 매일 한 번씩 읽는다면 아마도 한국불교의 방향이 달라질 것이다. 재가불자가 이 글을 매일 읽는다면 아마도 반드시 해탈의 묘미를 맛볼 수 있을 것이다.

자경문(自警文)

'스스로를 경책하는 글'이라는 제목을 보면 마치 야운 스님 스스로를 자신이 경책하는 내용처럼 생각할 수 있겠으나, 스님들이 종종 사용하는 방편이라고 생각하면 좋을 것이다. 그 까닭은 자신이 스스로 일깨우지 않으면 천하의 불보살을 만나 법문을 듣더라도 소용이 없기 때문이다. 또한 이것은 출가집단인 승가(僧伽)가 스스로를 경책하고 살펴야 한다는 뜻도 숨겨져 있다고 할 수 있다. 아마도 고려 말기에서 조선조 초기의 수행 분위기와도 연관이 있을 것이다.

스스로 나태에 빠져 버리고 세월을 보내는 이들은 예나 지금이나 있게 마련이다. 비록 큰 뜻을 품고 입산 출가했으나 어느덧 타성에 젖어 출가 목적을 잊어버리는 것이다. 이는 재가불자도 예외는 아니다. 스스로 해탈에 뜻을 내어 처음에는 제법 열심히 공부한답시고 애쓰지만, 세월이 흐를수록 몇 문장 얻어 들은 것을 큰 공부인 것처럼 착각하여 절에 다닌 나이만을 자랑하기 일쑤다.

공부가 익지 않은 사람은 유혹을 차단하는 것이 중요하다. 선지식의 경지에 이르면 모든 것이 교화의 방편이 되겠지만, 그렇지 못한 경지에서는 스스로가 얽혀 들어가는 장애가 되기 때문이다. 이 글에서는 장애가 될 수 있는 것을 열 가지로 나누어 경계를 하고 있다.

계초심학인문
誡初心學人文

계초심학인문 01

보조국사

지은이 목우자(牧牛子) 스님

　법명은 지눌(知訥), 호는 목우자(牧牛子), 시호는 불일보조국사(佛日普照國師)이다.

　어려서 큰 병을 앓아 목숨이 위태롭게 되자 그의 부모가 병만 나으면 출가를 시키겠다고 서원(誓願)을 하였고, 그 뒤 병이 깨끗이 낫자 약속한 대로 출가를 시켰다는 이야기가 전해진다. 1165년(의종 19년), 8세의 나이로 종휘선사(宗暉禪師) 아래에 출가하였고, 1173년(명종 3년)에 구족계(具足戒)를 받아 승려가 되었다.

　25세 무렵까지 경론(經論)을 자유롭게 읽으며 선원(禪院)을 찾아 수행하였다. 1182년(명종 12년) 승과(僧科)에 합격하였고, 개성 보제사(普濟寺)에서 열린 담선법회(談禪法會)에 참여해 10여 명의 동료들과 뒷날 결사(結社)를 하기로 약속했다.

스님은 〈권수정혜결사문〉에서 "이 모임이 끝나면 명리(名利)를 버리고 산속에 들어가 정혜(定慧)를 균등히 닦는 것으로 공부를 삼는다. 예불(禮佛)과 경전읽기, 울력을 하는 데까지 각자 맡은 일을 성실히 하여, 인연을 따라 심성을 수양하면서 평생을 구속 없이 지낸 달사(達士)와 진인(眞人)의 높은 수행을 따른다면 어찌 즐겁지 않겠는가."라고 하였다.

그 뒤, 담양의 청원사(淸源寺)에서 중국 선종의 육조인 혜능선사(慧能禪師, 638~713)의 『육조단경(六祖壇經)』을 보면서 심성(心性)의 본바탕을 발견하는 깨달음을 얻었다고 전해진다. 그 후 수도(修道)에 더욱 정진하여 28세 때인 1185년 예천의 학가산 보문사(普門寺)에서 3년 동안 '대장경(大藏經)'을 공부했다. 이때 『화엄경(華嚴經)』의 '여래출현품(如來出現品)'과 이통현(李通玄, 635~730)의 『신화엄경론(新華嚴經論)』의 영향을 받아 선(禪)과 교(敎)의 일치를 깨달았다고 전해진다.

중국 선종의 5조 홍인대사와 노행자

 1188년에는 팔공산의 거조사(居祖寺)로 거처를 옮겨 정혜결사(定慧結社)를 조직하고, 1190년에 〈권수정혜결사문(勸修定慧結社文)〉을 발표해 뜻을 같이 하는 사람들을 모았다. 1197년에는 지리산의 상무주암(上無住庵)으로 거처를 옮기고 수행에 정진했다. 이 무렵 중국 대혜선사(大慧禪師, 1089~1163)의 『대혜어록(大慧語錄)』을 통해 세 번째 깨달음을 얻었다고 전해진다.

1200년 신라 시대에 창건된 송광산(松廣山) 길상사(吉祥寺, 지금의 순천 송광사)를 중건(重建)하고, 그곳으로 정혜결사(定慧結社)를 옮겨 수행과 교화에 주력하였다. 1205년 희종(熙宗)은 송광산 길상사의 이름을 조계산(曹溪山) 수선사(修禪社)로 바꾸고, 스님에게 만수가사(滿繡袈裟)를 하사하며 120일 동안 낙성법회를 열게 하였다.

스님은 수선사(修禪社)에 머무르며, 『금강경(金剛經)』과 『육조단경』, 『대혜어록』, 『신화엄경론』을 중심으로 가르침을 펼쳤다. 그리고 『원돈성불론(圓頓成佛論)』(1202년), 『계초심학인문(誡初心學入門)』(1205년), 『화엄론절요(華嚴論節要)』(1207년), 『법집별행록절요병입사기(法集別行錄節要並入私記)』(1209년) 등을 저술하며 자신의 사상을 체계화하였다.

스님은 1210년 3월 27일 53세의 나이로 입적(入寂)하였다. 희종은 그에게 불일보조국사(佛日普照國師)라는 시호와 함께 그의 묘탑에도 감로(甘露)라

해인사 33조사탱(29조~33조) 조선중기

는 이름을 내렸다. 저술로는 『권수정혜결사문(勸修定慧結社文)』, 『수심결(修心訣)』, 『원돈성불론(圓頓成佛論)』, 『간화결의론(看話決疑論)』, 『진심직설(眞心直說)』, 『계초심학입문(誡初心學入門)』, 『법집별행록절요병입사기(法集別行錄節要竝入私記)』, 『화엄론절요(華嚴論節要)』, 『염불요문(念佛要門)』, 『육조혜능대사법보단경발(六祖慧能大師法寶壇經跋)』 등이 있다.

보조국사는 고려 후기 혜능의 남종선(南宗禪) 전통을 계승한 조계종(曹溪宗)을 중흥(中興)시켜 이른바 '조계종의 개조(開祖)'라고도 불린다. 그러나 종파로서의 조계종의 명칭은 보조국사 이전부터 사용되고 있었기 때문에 보조국사에게서 비롯된 것은 아니다. 그리고 오늘날 한국 불교의 최대 종파인 '대한불교 조계종'은 8세기 신라에 선종(禪宗)을 들여와 가지산파(迦智山派)를 개창한 도의선사(道義禪師)를 개조로 하고 있으며, 보조국사를 중천조(中闡祖), 고려 말기의 보우선사(普愚禪師, 1301~1382)를 중흥조(中興祖)로 받들고 있다.

보조국사의 사상

　보조국사의 사상은 흔히 '돈오점수(頓悟漸修)'와 '정혜쌍수(定慧雙修)'에 있다고 한다. 그러나 이 문제는 보조국사를 전체적으로 온전히 이해한 것이 아니라고 본다.

　스님은 무신정변으로 사회에 큰 혼란이 나타났던 시기에 살았다. 1170년 정중부(鄭仲夫)의 반란으로 무신들이 정권을 장악한 뒤에 지배층의 내분은 지속되었고, 각지에서 민란(民亂)도 끊이지 않았다. 왕실이나 문벌귀족과 밀접한 관계에 있던 불교 사찰들도 정치적 갈등에 휩싸일 수밖에 없는 상황이 전개되었다. 불교 자체에서도 선종(禪宗)과 교종(敎宗)의 오랜 대립이 계속되는 상황에서 보조국사는 새로운 방향이 필요하다고 판단했던 것으로 보인다.

　선(禪)과 교(敎)를 두루 섭렵한 스님은 선(禪)의

입장에서 교(敎)를 융합하려 했다. '마음이 곧 부처(心卽是佛)'라는 선종의 종지(宗旨)와 모든 존재와 현상들이 바로 불성(佛性)의 드러남이라는 화엄(華嚴) 사상의 성기설(性起說)이 궁극적으로 일치한다고 보았다. 돈오점수(頓悟漸修)와 정혜쌍수(定慧雙修)의 주장은 바로 선종(禪宗)과 교종(敎宗)의 융합을 위한 노력이라는 점을 떠나서 생각해서는 방향이 엉뚱한 쪽으로 흐르게 될 것이다.

1 정혜쌍수(定慧雙修)

수행의 측면에서 설명할 때 선정과 지혜를 겸해야 한다는 것은 보조국사 이전에도 이미 있었다. 그런데 왜 새삼스럽게 이 주장을 하였을까? 그것은 당시의 수행풍토가 치우쳐 있었기 때문이다. 선종(禪宗)에서는 선정(禪定)에 치중하여 가르침의 이치(교리敎理)를 등한시 했고, 교종(敎宗)에서는 경론의 연구에만 치중하여 선정(禪定)의 체험이 부족하였던 것이다.

따라서 교(敎)만을 강조하는 것을 '문자만 찾는 미친 지혜'라고 비판하였고, 선(禪)만을 강조하는 것을 '헛되게 침묵만 지키는 어리석은 선'이라고 비판하였다. 교학(敎學)은 이것저것 가리는 분별지(分別智)에 사로잡혀 '견성성불(見性成佛)'의 깨달음을 알지 못해 굴하기 쉽고, 선(禪)은 '비밀한 뜻을 서로 전한다(밀의상전密義相傳)'고 해서 자칫하면 헛되이 앉아 졸기만 하거나 약간의 깨달음을 얻더라도 그 깊고 얕음을 알지 못한다. 따라서 교(敎)와 선(禪)을 따로 나누어 보지 말고, 부처와 조사의 말씀과 가르침을 바로 이해하여 참선하는 정혜쌍수(定慧雙修)가 필요하다는 것이다.

2 돈오점수(頓悟漸修)와 돈오돈수(頓悟頓修)

보조사상을 연구하는 이들은 돈오점수야말로 보조스님이 정립한 한국적 수행관이라고 주장한다.

하지만 실제로 수행을 하는 많은 이들은 이 주장을 인정하지 않는다. 돈오점수의 주장을 하신 것은 틀림없으나 돈오점수만을 유일한 수행법이라고 말씀하신 것은 아니기 때문이다.『간화결의론(看話決疑論)』에서는 분명 증보리(證菩提-깨달음을 증득함)나 증법계일심(證法界一心-법계일심을 증득함) 표현을 하고 있다. 이것이 바로 최후의 깨달음이며, 더 이상 점차적 수행이 필요 없는 경지를 가리키고 있다.

돈오점수는 중국에서 시작된 선오후수(先悟後修)의 주장과 맥을 같이한다. 선오후수란 먼저 이치를 터득한 후에 정확한 수행을 해야 한다는 주장이다. 목적지와 다른 엉뚱한 방향으로 마구 달리는 사람처럼 효과 없는 수행을 해서는 아무 소용이 없다는 것을 강조하기 위한 것이었다. 이때의 선오(先悟)는 이치에 대한 터득이다. 그래서 엄격히 말하면 선오(先悟)는 부처님과 조사님들의 깨달음과는 다르다.

보통 해오(解悟)라고 하면 '해오'라는 '깨달음'이 있는 것으로 착각한다. 해오(解悟)라는 말을 사용하는 이들이 대부분 그 착각에 빠져 있다. 그러나 해오(解悟)는 말 그대로 '깨달음을 이해한 경지'이다. 불교공부를 시작한 단계에서는 부처님이나 조사님들의 깨달음을 짐작도 못한다. 짐작도 못하기에 확신을 갖기도 어렵다. 그러나 경전이나 어록을 봐 가면서 직접 몸으로 부딪혀 가다 보면 깨달음이라는 것을 이해하게 되고 비로소 깨달음의 경지가 있음을 확신하게 된다. 이것이 '해오(解悟)'이다. 그래서 '해오의 경지'는 있을지언정 '해오(解悟)라는 깨달음'이 있는 것은 아니다.

보조국사는 선종과 교종의 융합을 목적으로 했던 정혜결사(定慧結社)를 하면서 양쪽을 인정하는 한편 각각의 단점을 보완해야만 했다. 그래서 경학을 연구한 스님들의 경지를 인정하면서 참선수행을 할 것을 설득해야 했고, 참선수행을 하는 이들에게도 당연히 교학을 바탕으로 해서 바르게 참구해야 한다는 것도 설득해야 했을 것이다. 예컨대 '마음이 곧 부처'라는 것을 이치로는 단번에 이해할 수 있지만 그 이해와 행이 일치하기까지는 닦음이 필요하다는 주장을 하였다. 다시 말해 완벽한 깨달음이 아니라는 뜻이다. 이것이 돈오점수(頓悟漸修)이며, 아직 깨닫지 못한 이들을 분발시키고 인도하기 위한 '길 위의 안목'이라고 봐야 한다. 본성(本性)은 본래 닦을 게 없는 자리이다. 흔히 무명(無明) 즉 번뇌에 본성이 가려진 상태를 중생이라고 하는데, 이 이치를 이해했다고 해서 본성을 본 것(見性)이라고 할 수는 없다. 본성을 가리고 있는 것들을 어떻게 처리할 것인가의 문제가 남는데, 그 노력을 수행이라고 한다. 다생(多生)으로 익힌 습기(習氣)를 제거하는 과정은 단번에 끝나지 않기에 '점차 닦아나간다'고 한다면, 습기가 남은 상태는 아직 완벽한 깨달음이 아닌 것이다.

스님들은 수행을 하는 과정에서 소위 '한 소식 했다'는 체험을 여러 차례 하게 된다. 말하자면 중간의 작은 깨달음이다. 그런데 그 '한 소식'이 부처님의 깨달음과는 좀 거리가 있다. 대각(大覺)이 아닌 것이다. 그렇기 때문에 여기에서 멈추면 안 된다.

보조국사는 처음 육조단경을 통해 깨닫는 것을 비롯해 세 번의 깨달음이 있었다고 한다. 이 경우를 보더라도 최후의 깨달음을 증득한 것과 깨달았다고 하는 표현이 일치하지 않음을 알 수 있다.

육조단경을 본 수행자라면 혜능스님의 사상이 돈오돈수(頓悟頓修)라는 것을 누구나 안다. 보조국사 또한 분명히 알고 있었다. 그러나 자질이 뛰어나지 못한 이들에게는 돈오돈수의 가르침이 너무나 어려워서 포기할 가능성이 높다고 판단하였다. 그래서 지도자로의 방편을 필요로 했을 것이다. 하지만 『간화결의론(看話決疑論)』에서는 돈오점수에 해당하는 원돈신해(圓頓信解)가 비록 초심자가 받아들이기 쉬운 장점이 있지만, 깨달음으로 인도하기에는 부족한 사구(死句)라고 하였다. 따라서 비록 뛰어난 자질이 아니면 어렵겠지만 그래도 큰 의심으로 깨달음을 증득하기를 바란다고 끝맺음 하였다. 바로 돈오돈수(頓悟頓修)를 강조한 것이다.

부처님의 보리수 아래 깨달음이 돈오(頓悟)이다. 그런데 이 돈오 이후 49일간 깨달음을 스스로 점검했다고 했을 뿐 수행했다는 말은 전혀 없다. 뿐만 아니라 보리수 아래의 깨달음 이전에도 깨달았다는 표현이 없다. 명상 대가들이 깨달았다고 했을 때도 석가모니부처님께서는 당신께서 목적으로 하는 깨달음이 아니라고 잘라 말씀하셨다. 부처님의 수행과 깨달음을 굳이 표현하자면 돈오돈수(頓悟頓修)인 것이다.

02 수행의 근본 정신을 지켜라

夫初心之人은 須遠離惡友하고
부초심지인　수원리악우

親近賢善하야 受五戒十戒等하야
친근현선　　수오계십계등

善知持犯開遮니라
선지지범개차

但依金口聖言이언정
단의금구성언

莫順庸流妄說이어다
막순용류망설

무릇夫 처음 깨닫고자 하는 마음을 낸 사람은 初心之人 반드시須 나쁜 벗을惡友 멀리하고 遠離 어질고 착한 이를賢善 친하고 가까이 하여親近, 오계와五戒 십계十戒 등을等 받아서受 지키고持 어기며犯 열고開 막음을遮 잘 알아야 한다善知. 오직但 부처님의金口 성스러운聖 말씀을言 의지하고依, 어리석은庸 사람들의流 허망한 말을妄說 따르지順 말라莫.

초심(初心)
초발보리심(初發菩提心) 즉 처음 깨달음에 마음을 낸 사람. 부처님처럼 깨달아 부처님처럼 살고 싶다는 마음을 먹은 사람. 여기서는 출가한 사람.

악우(惡友)
사귀어서 나쁜 결과로 나아가는 사람. 수행에 장애가 되는 사람.

현선(賢善)
어질고 착한 사람. 스승이 되어 이끌어 주는 선지식(善知識)이거나 수행하는 데 힘이 되는 좋은 도반.

오계(五戒)
모든 계율의 기본이 되는 다섯 가지.

① 불살생(不殺生) : 산목숨을 죽이지 말라. - 생명을 존중하고, 자비심이 사라져 감을 방지하기 위함.
② 불투도(不偸盜) : 훔치지 말라. - 타인의 것을 소중히 생각하고, 복덕이 고갈되어 가난해지는 것을 예방하기 위함.
③ 불음행(不淫行) : 음행하지 말라. - 본능적 욕망을 제어하여 청정한 삶을 유지하기 위함.
④ 불망어(不妄語) : 거짓말하지 말라. - 남을 속이는 것을 방지하여 타인의 불신을 예방하기 위함.
⑤ 불음주(不飮酒) : 취하게 하는 것을 마시지 말라. - 정신이 흐려짐을 예방하고 맑은 정신 상태를 유지하기 위함.

십계(十戒)
예비 수행자인 사미(沙彌-슈라아마네라 śrāmaṇera)가 되기 위해 받는 열 가지 계. 위의 오계에 아래 다섯 가지를 더한 것.
⑥ 부좌와고광대상(不坐臥高廣大床) : 높고 넓으며 큰 평상에 앉거나 눕지 말라. - 검소한 생활을 하면서 사치심 등을 항복 받기 위함.
⑦ 불착화만영락향유도신(不着華鬘瓔珞香油塗身) : 꽃다발이나 장신구로 몸을 꾸미지 말 것이며, 향유를 몸에 바르지 말라. - 이것은 인도의 풍습과 연관된 것임. 신체적 외형에 대한 집착을 끊고 심성을 살피게 하기 위함.
⑧ 부자가무작창고왕관청(不自歌舞作唱故往觀聽) : 노래하거나 춤추지 말고 일부러 가서 구경하지도 말라. - 감성적인 애착을 끊어 수행에 정진하도록 하기 위함.
⑨ 불착금은전보(不着金銀錢寶) : 금은 등의 보물이나 돈을 지

니지 말 것. - 인도는 탁발로만 생활하는 것이 원칙이었음. 현재 한국의 실정으로는 곤란하지만 꼭 필요한 것 외에는 갖지 말라는 것.
⑩ 불비시식(不非時食) : 정해진 공양 때가 아니면 먹지 말라.
- 식탐을 줄여 정신을 맑은 상태로 유지하기 위함.

지범개차(持犯開遮)
계의 항목을 지키거나 어기며 열거나 막음. 이것은 어떤 것이 부처님의 가르침에 더 합당한 것인지를 기준으로 함. 때에 따라서 계를 어김으로 해서 보다 큰 이익이 있을 때는 잠시 어겨도 된다는 뜻임.

금구성언(金口聖言)
금빛 입의 성스러운 말씀. '금빛 입'이란 '부처님의 입'을 가리키며 동시에 부처님의 말씀을 뜻함. 부처님의 몸은 약간 붉은 금빛이라고 표현되는 데서 비롯된 말.

송강 해설

　처음 깨닫고자 하는 큰 원을 세우고 출가한 사람이라도 그 마음만 가지고 깨달아지는 것은 아니다. 수행의 길에는 수많은 장애요인이 있기 때문이다. 오죽하면 백 명이 출가하여 삼십 년쯤 지나면 열 명도 남지 않는다고 하겠는가. 그래서 자기 양심에 비춰보아서 좋지 못한 사람이라고 생각되면 우선은 멀리해야 한다. 사람을 차별해서라기보다는 자신에게 그를 이끌 힘이 갖춰져 있지 않기 때문이다. 물론 자신을 이끌어 줄 만한 선지식이나 좋은 도반이 있다면 수행에 그보다 더 이익이 없다. 그래서 『법구경』에서도 '훌륭한 이와는 함께 가고, 그렇지 못하면 무소의 뿔처럼 홀로 가라'고 했다.

　낯선 곳에 가게 될 경우는 대개 안내도를 보면서 목적지를 찾아간다. 그런데 안내도만 있어서는 좀 곤란하다. 현장에 길 안내를 해주는 표지판이 없다

안내도─낯선 곳을 가려면 전체 안내도를 보라

표지판─현장에서는 구체적 방향을 가리키는 표지판을 참고하라

면 낭패를 당하기 쉽다. 안내도가 교리(敎理)에 해당된다면 표지판이 계(戒)에 해당된다. 우리가 수계를 하고 그것을 지키는 것은 복잡한 길에서 표지판을 잘 살피며 그 지시를 따르는 것과 같다. 운전할 때 신호등이나 각종 표지판에 따라 멈추거나 천천히 가거나 돌아가는 등의 노력을 통해 목적지에 무사히 도착하는 것처럼, 수행할 때 계를 잘 지키므로 해서 목적지인 깨달음에 무사히 도착할 수 있다.

그런데 세상은 단 한 가지 모습만 있는 게 아니다. 보편적인 모습일 때에는 계를 따르면 되지만 독특한 경우를 만나면 그것을 어겨야만 더 바른 길을 갈 수도 있는 것이다. 그런데 이것을 과연 누가 판단할 수 있을까? 그래서 '잘 알아야 한다.'고 했다. 맑게 깨어 있어야 바르게 판단할 수 있다. 그러기 위해서는 언제나 부처님의 가르침을 의지해야 어긋나지 않게 된다. 만약 어리석은 사람들의 언행을 따르다 보면 수행에 도움이 되지 않을 뿐만 아니라, 어느덧 바른 길에서 벗어나게 되는 것이다.

비록 재가(在家)의 불자라도 깨달음에 뜻을 두었다면 위의 가르침대로 하면 된다. 자유롭고 행복해지는 데에 출가자와 재자가의 길이 따로 있는 것이 아니기 때문이다.

기이출가　　참배청중
旣已出家하야 **叅陪淸衆**인댄

상념유화선순
常念柔和善順이언정

부득아만공고
不得我慢貢高어다

이미旣已 출가해서出家 청정한淸 대중에衆 참여하였으면叅陪, 늘常 부드럽고柔 화합하며和 잘善 순응할 것을順 생각하고念 아만으로我慢 제 잘난 체貢高 하지 말라不得.

청중(淸衆)
출가 집단인 승가(僧伽). 언제나 자기를 낮추고 화합하려 노력하기에 '청정한 대중'이라고 표현함.

아만(我慢)
자기(自己)를 자랑하고 남을 업신여기는 번뇌(煩惱).

송강 해설

몸은 비록 출가해서 수행을 하지만, 자기의 버릇을 바로 고쳐 다른 사람을 포용하는 것은 결코 쉽지 않다. 그래서 제 잘났다는 생각을 깨뜨리기 위해 처음 수년간은 무조건 큰 방에서 여러 스님들과 공동의 생활을 하게 한다. 수십 명이 한 방에서 생활하다 보면 거친 부분들이 서로 부딪히게 되어 있다. 이런 과정을 거쳐 점차 모난 부분이 없어지고 원만해지게 된다. 만약 끝내 대중을 존중하지 않고 화합하지 못한다면, 스스로 물러나거나 쫓겨나게 된다. 그러므로 부드러워져야 하고, 화합해서 대중과 순응해야 한다. 그때 비로소 자신도 승가의 일원이 된다.

재가의 불자도 도반들과 수행할 때 똑같은 현상이 벌어진다. 자신이 잘났다는 생각을 빨리 버리고 도반들을 존중하면 자신의 공부가 빨리 이뤄지지만, 만약 끝내 자기의 고집대로 자존심이나 내세우면 결국 외톨이 신세가 된다.

청중-일본 오카야마 선통사(善通寺) 약사전 뒤편 나한상

대자 위형 소자 위제
大者는 爲兄하고 小者는 爲弟니라

당유쟁자 양설 화합
儻有諍者어든 兩說을 和合하야

단이자심상향
但以慈心相向이언정

부득악어상인
不得惡語傷人이어다

나이 많은 이는大者 형이兄 되고爲 나이 적은 이는小者 아우가弟 된다爲. 만일儻 다투는諍 이가者 있으면有 양쪽兩 애기를說 화합시켜和合 오직但 자애로운 마음으로以慈心 서로相 대하게 하고向, 모진 말로惡語 다른 사람을人 상처받게傷 하지 말라不得.

수행의 근본 정신을 지켜라 53

대자(大者)
나이 많은 사람. 여기에는 세 가지 뜻이 있음.
① 도가 높은 이는 출가한 햇수나 일반 나이가 적어도 어른이 됨. ② 출가한 세월이 빠르면 윗사람이 됨. ③ 함께 출가했으면 나이가 많은 이가 형이 됨.

송강 해설

  승가는 깨닫는 것을 목적으로 하는 집단이다. 그러므로 누가 수행이 깊으냐가 우선이다. 젊은 스님이라도 수행력이 깊으면 그를 존중한다. 그 다음으로는 출가한 순서로 차례가 정해지고, 마지막으로는 나이를 따져서 순서를 정한다. 많은 이들이 집단적인 생활을 하기에 이런 질서가 필요한 것이다.

  비록 수행을 하는 집단이지만 누구나 금방 도인이 되는 것은 아니다. 그래서 의견 충돌이 있게 마련이다. 그럴 경우엔 양쪽의 좋은 점이나 옳은 주장을 서로 받아들이게 하여 화합시켜야 한다. 서로의 단점만을 지적하여 분위기를 더 나쁘게 한다든지, 아니면 양쪽을 다 심하게 질타하여 마음에 상처를 주는 일은 피해야 한다.

  재가불자들의 경우도 마음공부를 하기 위해 절에 오는 것이다. 그래서 갖가지 방법으로 자신의

못된 버릇을 고치려고 노력한다. 그러나 단기간에 마음공부가 되는 것이 아니므로 불자들 사이에도 크고 작은 충돌이 있게 마련이다. 모두 부족하기 때문에 빚어지는 일이니, 상대를 이해하도록 노력하고 포용하여 화합하는 것이 마음공부의 지름길이 된다.

도반 – 그저 함께 있기만 해도 좋은 사람들

약야기릉동반　　논설시비
若也欺凌同伴하야　論說是非인댄

여차출가　　전무이익
如此出家는　全無利益이니라

만약若也 함께 수행하는 이를同伴 속이거나欺 업신여겨서凌 옳고是 그름을非 따지고 주장한다면論說, 이와此 같은如 출가생활은出家 (깨닫는데) 유익하거나 도움이 되는 것이利益 전혀全 없다無.

동반(同伴)
함께 길을 가는 사람. 같이 공부하는 사람.
요즘은 '함께 수도하는 친구'라는 뜻의 도반(道伴)이라는 말을 주로 사용함.

송강 해설

　언제나 옳고 그름을 따지는 이들이 있다. 처음에야 그렇다고 하더라도 어느 정도 공부가 된 사람이라면 사소한 일로 매양 따지는 것을 하지 않는다. 출가한 지는 오래되어 어른의 자리에 있는 이들 중에도 이 버릇을 고치지 못하여 언제나 시끄러운 이들이 있다. 본인만 대단한 것처럼 생각하기에 다른 이들을 좀 우습게 여긴다.

　재가불자들도 공부가 된 이들은 조용하다. 그럼에도 눈 밝은 이들은 그가 공부한 것을 다 안다. 반대로 백발의 노인이 되어서도 언제나 시비가 끊어지지 않는 이들이 있다. 본인은 자신이 잘났다고 생각해서 그러겠지만, 공부의 입장에서는 아직 아만심이 높은 낮은 단계일 뿐이다. 끝내 이 버릇을 고치지 못하면 점차 외로워진다.

재색지화　심어독사
財色之禍는　**甚於毒蛇**하니

성기지비　상수원리
省己知非하야　**常須遠離**어다

재물과財 색정으로色 인한 재앙은之禍 독사보다도於毒蛇 심하니甚, 자신을己 살펴省 그릇됨을非 알아서知 항상常 반드시須 멀리遠 떠나야 한다離.

재색(財色)
재물과 색정(色情). 불교에서의 색(色)은 육체나 물질 또는 색정(色情)을 뜻함.

송강 해설

사람들이 가장 좋아하는 것이 무엇일까? 아마도 재물과 성생활일 것이다. 그리고 일반적으로는 이 두 가지가 충족되면 성공한 사람 혹은 행복한 사람이라고도 한다. 그런 만큼 이 두 가지를 위해서라면 양심도 팽개치는 경우가 많다.

독사에게 물리면 고통을 받거나 신체의 일부를 잃고, 최악의 경우엔 목숨까지도 잃을 수 있다. 그런데 재물과 색정이 수행하는 데는 독사보다도 더 위험하다. 왜 그럴까? 독사에게 물릴 경우, 목숨을 잃는 최악의 경우라도 자신의 원력을 포기한 것은 아니다. 그러니 다음 생에 그대로 수행을 계속하면 된다. 그런데 재물이나 성생활로 인해 스스로 수행을 포기해 버리면, 다시 언제쯤 발심해서 수행의 길로 나서게 될지 기약할 수 없는 것이다. 촉망받던 수많은 스님들이 바로 이 두 가지 때문에 수행을 포기한 것을 무수히 봐 왔다.

일반인이라면 굳이 문제로 삼을 것은 없겠으나, 그래도 절제하지 못하면 패가망신하게 된다. 재가 불자의 경우엔 이것을 어떻게 받아들여야 할까? 공부에 뜻을 둔 사람이 이 문제로 늘 집착하고 고민한다면, 공부는 물 건너갔다고 봐야 한다.

03 타인을 배려하라

무연사즉부득입타방원
無緣事則不得入他房院하며

당병처 　　부득강지타사
當屛處하야 **不得强知他事**하며

비육일 　　부득세완내의
非六日이어든 **不得洗浣內衣**하며

임관수 　　부득고성체타
臨盥漱하야 **不得高聲涕唾**하며

행익차 　　부득당돌월서
行益次에는 **不得搪揆越序**하며

경행차 　　부득개금도비
經行次에는 **不得開襟掉臂**하며

언담차 　　부득고성희소
言談次에는 **不得高聲戲笑**하며

비요사   부득출어문외
非要事어든 不得出於門外니라

꼭 필요한 일이緣事 없으면無 곧則 다른他 방이나房 수행 처소에院 들어가지入 말고不得, 출입이 제한된屛 곳을處 만나면當 억지로强 그곳他 일을事 알려고知 하지 말며不得, 엿샛날이六日 아니면非 속옷을內衣 빨지洗浣 말고不得, 세수하고盥 양치질을漱 할 때는臨 높은高 소리로聲 코를 풀거나涕 침을 뱉지唾 말라不得.

대중공양을 할行益 때는次 당돌하게搪揆 차례를序 어기지越 말고不得, 걸어 다닐經行 때는次 옷깃을襟 헤치거나開 팔을臂 흔들지掉 말며不得, 말할言談 때는次 높은高 소리로聲 희

타인을 배려하라 63

롱하며戱 웃지笑 말고不得, 중요한要 일이事 아니면非 절문 밖으로於門外 나가지出 말라不得.

연사(緣事)
해야 할 일. 꼭 필요한 일.

방원(房院)
방(房)과 원(院). 방에는 개인이 사용하는 방과 대중이 사용하는 방이 있음. 개인이 사용하는 방은 어른이나 소임을 맡은 이들이 거주하는 곳이며, 대중의 방에는 사찰의 규모에 따라 강원이나 선원에 여러 방이 있을 수 있음. 원(院)은 대체로 사찰 안에서 수행의 체계에 따른 독립된 공간을 가리키는데, 강원이나 선원 또는 율원 등.

병처(屏處)
가려진 곳. 출입이 제한되어 있는 곳.

육일(六日)
여기에는 두 가지 설명이 있음.
① 엿샛날~음력 6, 16, 26일 날.
② 여섯 날~육재일(六齋日)을 가리키는데, 이 날은 제석천의

명에 따라 사천왕과 그 권속들이 세상의 선업과 악업을 살피는 날이라고 함.

행익(行益)
대중스님에게 공양을 올리는 일. 여기에는 일상의 공양이 있고, 신자들이 특별한 음식을 마련하여 공양 올리는 특별공양이 있음.

출입을 제한하는 문구

송강 해설

　수행은 자신의 삶을 살피는 일이면서 동시에 대중을 배려하는 생활이다. 그렇기 때문에 약속 없이 자기 마음대로 다른 스님의 방이나 다른 수행 공간을 들락거리면, 자기도 그만큼 시간을 낭비하는 것이 되지만 다른 이들을 방해하는 것이 되기에 삼가야 한다. 또한 수행 공간마다 출입을 제한한 곳이 있는데, 다 이유가 있기에 그런 것이니 구태여 궁금해 하며 알려고 애쓸 것이 없다. 그런 일은 부질없는 짓이다.

　대중이 많다 보면 일정한 질서를 정해서 따르는 것이 필요한데, 이것을 청규(淸規)라고 한다. 수시로 하는 세탁이나, 세수할 때의 소란스러운 언행이 모두 다른 사람 공부를 방해하는 것임을 알아야 한다.

　대중공양을 할 때에도 괜스레 식탐을 일으켜 질서를 어지럽게 해서도 안 되며, 도량을 걸어 다닐 때나 말할 때에도 수행자의 자세에 맞게 단정하고 절제된 모습으로 보여야 한다. 대중은 곧 나의 선지식이다. 그러므로 필요 없이 절 밖으로 나가면 그만큼 자신이 흐트러질 가능성이 커진다는 것을 잊어서는 안 되는 것이다.

 재가(在家)의 불자도 행복해지기 위해서는 위의 규칙을 잘 살필 필요가 있다. 타인에 대한 배려

빨래하는 날

가 없이 제멋대로 행동하면 결국 다른 사람들로부터 미움을 사게 된다. 또한 공공의 장소에서의 예절을 무시하기 시작하면 서로가 마음을 상하는 일이 벌어진다. 요즘에는 얼굴을 대하지 않는 인터넷이라는 공간에서 너무나 타인을 배려하지 않는 것을 보게 되는데, 바로 이런 것이 결국 돌고 돌아 언젠가는 자신의 마음에 화살이 되어 박히는 것이다. 정말 궁금하게 생각할 것은 자신의 참된 모습이다.

대중공양을 하기 전

그 공부를 하지 않기에 남의 사생활이나 비밀을 찾기에 혈안이 되어, 결과적으로 자신도 남도 불행해지는 것이다.

김장 운력하는 날

유병인 수자심수호
有病人이어든 須慈心守護하며

견빈객 수흔연영접
見賓客이어든 須欣然迎接하며

봉존장 수숙공회피
逢尊長이어든 須肅恭廻避하며

판도구 수검약지족
辦道具호대 須儉約知足이어다

앓는病 사람이人 있으면有 반드시須 자비로운慈 마음으로心 지키고守 보호하며護, 손님을賓客 보면見 모름지기須 기꺼운 모습으로欣然 맞아迎 대접하고接, 웃어른을尊長 만나면逢 반드시須 정중하고肅 공손하게恭 비켜廻 물러서며避, 수행에 필요한 도구를道具 갖추되辦

모름지기須 검소하고儉 절약하여約 만족할 줄 足 알아야 한다知.

....

도구(道具)
발우, 의복 등 수행에 필요한 것들.

송강 해설

　수행자가 병을 앓을 때는 참으로 힘이 든다. 주변의 스님들이 모두 자신의 문제를 풀기 위해 최선을 다하다 보니, 아픈 사람에 대해 처음에는 관심을 갖지만 시간이 흐를수록 소홀해지기 쉽기 때문이다. 그래서 병을 앓을 때 세속으로 돌아가는 이들이 더러 있다. 운수행각을 할 때는 참 힘든 여정이 되기도 하는데, 이때 방문한 사찰에서 조금만 따뜻하게 맞이해도 새로운 힘을 얻게 되는 것이다.

　출가집단은 혈연이 아니다. 그러므로 서로가 존중하지 않으면 참으로 삭막한 곳이 될 수도 있다. 따라서 웃어른을 존중하는 전통을 잘 지켜야만 한다. 또한 수행에 집중할 때에는 의식주가 검소한 것이 자신에게 도움이 된다.

　비록 출가자가 아니라 하더라도 병을 앓는 사람을 보면 자비심으로 보살피고, 손님을 잘 대접하는 집이 잘되는 집이다. 어른을 공경하는 사람은 많은 이들의 칭찬을 받을 것이며, 자신의 현재 상황에 만족할 줄 아는 것도 편안해지는 지름길이다.

04 조화롭게 하라

재식시 음철　　부득작성
齋食時 飮啜에 不得作聲하며

집방　　요수안상
執放에 要須安詳하며

부득거안고시
不得擧顔顧視하며

부득흔염정추
不得欣厭精麤하며

수묵무언설　　수방호잡념
須默無言說하며 須防護雜念이어다

수지수식　　단료형고
須知受食이 但療形枯하야

위성도업　　수념반야심경
爲成道業하며 須念般若心經하야

관삼륜청정   불위도용
觀三輪淸淨하야 **不違道用**이어다

공양을 할齋食 때時 마시고飮 씹느라啜 소리를聲 내지作 말고不得, (그릇과 수저를) 집고執 놓음에放 반드시須 찬찬하고安 자세하게詳 해야 하며要, 얼굴을顔 들고擧 둘러보지顧視 말고不得, 맛있는 음식을精 좋아하고欣 맛없는 음식을麤 싫어하지厭 말며不得, 반드시須 묵묵하게默 말을言說 말고無, 모름지기須 잡념을雜念 막아防 보호하라護.

밥을食 받는 것은受 모름지기須 다만但 몸이形 마르는 것을枯 면하고療 도 닦는 일을道業 이루기成 위함임을爲 알아야 하며知, 반드시須 반야심경의 도리를般若心經 생각하여念 베푸는 사람과 베풂을 받는 사람과 베풀어지는 공양이三輪 청정함을淸淨 관찰하여觀, 도 닦는 일에道用 어긋나지違 말라不.

....

재식(齋食)

재(齋)는 불공과 법회를 뜻하는 말임. 신자들이 부처님과 제자들을 청하여 공양을 올리면 부처님께서는 반드시 법문을 하셨는데, 바로 이것을 '재(齋)'라고 표현한 것임. 따라서 재식(齋食)은 불공을 드린 후에 먹는 식사라는 뜻이며, 곧 점심공양을 가리킴.

삼륜청정(三輪淸淨)

삼륜(三輪)은 세 바퀴라는 뜻으로 보시(布施)의 세 가지 구성 요소인 베푸는 사람, 베풂을 받는 사람, 베풀어지는 사물 또는 행위를 말함.
삼륜청정을 해석함에 두 가지 견해가 있음.
① 주는 사람이나 받는 사람의 마음이 깨끗해야 하고 주어지는 물건 또는 행위가 깨끗해야 한다는 것.
② 위의 세 가지 중 어느 것도 마음에 남아 있어서는 안 된다는 것.

송강 해설

　수행자의 공양은 일반 사람의 식사와는 완전히 다르다. 일반적인 식사는 기쁜 마음으로 얘기하며 즐기는 것이다. 그러나 수행자는 공양을 육체를 보전하기 위한 약처럼 생각하며, 따라서 공양하는 행위도 수행의 방법으로 생각하는 것이다. 그래서 공양하는 내내 잡념이 일어나지 않도록 하며, 모든 이들에게 감사하는 마음으로 행하는 것이다.

　재가불자의 경우에도 식사하는 행위와 식사가 이루어지기까지의 모든 인연에 감사하는 마음을 가지면 훨씬 좋을 것이다. 음식물은 식사하는 사람의 마음과 곧바로 반응한다. 식사하는 사람의 마음은 에너지 파장을 일으키고 있는데, 감사한 마음의 파장은 매우 조화롭고 훌륭한 파장을 일으킨다. 이 파장이 음식물과 만나면서 음식의 기운을 좋은 방향으로 바꾸어 놓게 되며, 좋은 기운으로 바뀐 음식을 취하면 건강에도 매우 좋은 것이다. 또한 감사하는 마음은 점차 자신의 인식을 바꾸기 때문에, 다른 이들을 바라보는 시각이 긍정적으로 바뀌게 된다. 긍정적 사고로 세상을 보게 되면, 당연히 세상의 좋은 점들을 찾아내게 되는 것이다. 그러므로 훨씬 빨리 행복해질 수 있다.

부분수　　　수조모근행
赴焚修호대 須早暮勤行하야

자책해태　　　지중항차
自責懈怠하며 知衆行次하야

부득잡란　　　찬패주원
不得雜亂하며 讚唄呪願호대

수송문관의　　　부득단수음성
須誦文觀義언정 不得但隨音聲하며

부득운곡부조　　　첨경존안
不得韻曲不調하며 瞻敬尊顔호대

부득반연이경
不得攀緣異境이어다

수지자신죄장　　　유여산해
須知自身罪障이 猶如山海하야

수지이참사참   가이소제
須知理懺事懺으로 可以消除니라

심관능례소례   개종진성연기
深觀能禮所禮가 皆從眞性緣起하야

심신감응   불허
深信感應이 不虛하야

영향상종
影響相從이니라

향 올리며 예불에焚修 힘쓰되赴 모름지기須 아침早 저녁으로暮 독경하고 기도하여勤行 스스로自 게으름을懈怠 꾸짖으며責, 대중의衆 대열行 순서를次 알아서知 뒤섞여雜 어지럽게 亂 하지 말라不得.
찬탄의 염불과讚唄 축원을 하되呪願 반드시須

글을文 외우며誦 뜻을義 살필지언정觀, 단지但 음성만을音聲 따르지隨 말며不得, 소리와 韻 가락을曲 고르지調 않게不 하지 말며不得, 불보살님의 존안을尊顔 우러러瞻 공경하되敬 그릇된 경계를異境 떠올리지攀緣 말라不得.

모름지기須 자신의自身 죄업 장애가罪障 마치猶 산과山 바다海 같음을如 알아서知, 반드시須 마음으로 참회하고理懺 행위로 참회하여事懺 녹여消 없앨 수除 있음을可以 알아야 한다知. 예를 올리는 자신과能禮 예를 받는 불보살님이所禮 모두皆 참 성품을眞性 따라서從 인연하여 일어났음을緣起 깊이深 관찰하여觀, 감촉되어感 반응함이應 헛되지虛 않아서不 그림자와影 메아리가響 (실체와) 서로相 따름을從 깊이深 믿어야 한다信.

분수(焚修)

향을 사루며 닦음이니 곧 예불을 가리킴.

근행(勤行)

부처님 전에 독경하고 기도하는 것.

항차(行次)

항렬 순서. 대열 순서.

주원(呪願)

'축원(祝願)'으로 되어 있는 곳도 있음. 뜻은 동일함.

예불은 지극한 마음으로 해야 함

송강 해설

   수행은 기본에 충실할 필요가 있다. 대중과 항상 함께하여 조화롭게 해야 한다. 수백 수천의 대중이 각자 제멋대로 해 버리면 전체가 불편해진다. 수행에는 또한 게으름이 최대의 적이니, 스스로 잘 살필 일이다.

   수행에 뜻을 두어 출가했음에도 어느 정도 세월이 흐르면 타성에 젖어 염불의 내용과 독경의 의미를 살피지 않는 경우도 생긴다. 이것이야말로 시간 낭비이다. 자신의 삶을 허비하고 있는 셈이다. 예불이나 독경 등은 자신의 잘못을 바로잡기 위한 것이다. 그러므로 자신을 살펴 바로 잡으려는 의지가 없이 소리만 근사하게 내는 것은 아무 의미가 없다. 만약 노력하는데도 공부가 제대로 되지 않는다면 그만큼 자신의 지난 삶이 잘못되었다는 뜻이다. 즉 자신의 버릇과 관념이 크게 비뚤어져 있기에 바른 길로 나아가지 못한다는 것을 알아야 한다. 올

바르게만 한다면 불보살의 가피도 직접 경험할 수가 있을 것이다.

재가불자도 절에 다닌 햇수가 늘어날수록 타성에 젖는다. 그저 습관적으로 절에 오가며, 습관적으로 예불하고 법문을 듣는다. 그러니 오래 전에 했던 고민을 여전히 되풀이하고 있는 것이다. 신행이란 자신을 변화시키는 것이다. 자신이 스스로 변하지 않는다면 제불보살도 어쩔 수 없다. 만약 제불보살의 가피가 절실하게 필요하다면 먼저 자신을 바꿔야 한다. 돌무지만 있는 밭이나 콘크리트 바닥에는 아무리 좋은 씨를 뿌려도 농사가 될 리가 없다. 마찬가지로 그런 밭과 같은 마음상태라면 어떤 법문도 어떤 경전도 행복의 싹을 틔울 수 없다.

요즘 젊은 세대가 사회적응을 잘 못하고 있는 이유 중의 하나를 보면 대중생활의 질서와 조화를 터득하지 못해서이기도 하다. 어려서부터 자기중심적인 생활을 하였기 때문에 남에 대한 배려나 전체적인 질서와 조화를 익힐 필요도 없었거니와 그럴 기회도 없었던 것이다.

늦었다고 생각하는 그 순간이 가장 빠르다고 했다. 지금부터라도 조화의 도를 터득해야 한다.

대중이 함께하는 일은 조화가 으뜸이다.

05 문단속을 잘하라

거중료　　수상양부쟁
居衆寮호대 須相讓不爭하며

수호상부호　　신쟁론승부
須互相扶護하며 愼諍論勝負하며

신취두한화　　신오착타혜
愼聚頭閒話하며 愼誤着他鞋하며

신좌와월차　　대객언담
愼坐臥越次하며 對客言談에

부득양어가추
不得揚於家醜하고

단찬원문불사
但讚院門佛事언정

부득예고방　　견문잡사
不得詣庫房하야 見聞雜事하고

자생의혹
自生疑惑이니라

대중처소에衆寮 있되居 모름지기須 서로相 양보하고讓 다투지爭 말며不, 마땅히須 서로互相 돕고扶 보호하며護, 이기니勝 못 이기니負 다투어諍 논박함을論 삼가며愼, 머리를頭 모으고聚 심심풀이로 하는 말을閒話 삼가며愼, 남의他 신을鞋 잘못誤 신는 것을着 삼가며愼, 앉고坐 누움에臥 차례次 어기는 것을越 삼가라愼.

손님을客 대하여對 이야기할 적에言談 집안의於家 부끄러운 일을醜 들춰내지揚 말고不得, 다만但 사중의院門 불사를佛事 기릴지언정讚 살림살이하는 곳에庫房 들러詣 자질구레한 일을雜事 보거나見 듣고서聞 스스로自 의심분별을疑惑 내지生 말라不得.

중료(衆寮)
큰절에는 어른들이 혼자 쓰는 공간이 따로 있긴 하지만, 수행 중인 스님들은 공동생활을 함. 대표적으로 강원, 선원, 율원 등. 이곳에서는 큰방에 많은 대중이 함께 생활함.

한화(閒話)
심심풀이로 하는 말.

가추(家醜)
자신이 거주하고 있는 사찰의 좋지 못한 점.

원문(院門)
원(院)은 사찰, 문(門)은 집안. 따라서 원문(院門) 사중(寺中).

고방(庫房)
살림살이를 보관하는 '광'을 뜻하지만, 여기에서는 그 모든 것을 관장하는 원주실이나 종무소 등을 가리킨다고 보면 됨.

잡사(雜事)
수행에 도움이 되지 않을 온갖 자질구레한 일.

송강 해설

위의 내용은 출가한지 오래되지 않은 스님들이 많이 모여 거처하는 곳에서 흔히 일어날 수 있는 일들을 열거하였다. 출가를 했다는 자체가 아직 완벽한 인격을 형성하지 못했다는 뜻이기도 하다. 그렇기 때문에 문제의 소지를 다 안고 있는 것이다. 어떻게 하면 이 문제점들이 충돌하지 않게 하는가가 수행의 기본이 된다. 그래서 사소한 일들에 있어 무조건 양보하는 것이 중요하다. 뿐만 아니라 보잘 것 없는 일에 괜히 승부심이 발동되면, 그 자체로 벌써 수행이 퇴보하는 것이다. 그래서 최소한 남에게 피해 주는 일부터 줄이는 것이 필요하다.

다음으로는 집안의 허물을 마구 들춰내는 일을 삼가야 한다. 자신이 속한 곳은 곧 자신이 신세를 지고 있는 곳이기도 하다. 자신의 공부가 부족한 사람일수록 사중의 허물을 들춰내는데 열을 올리는 경우가 많다. 그런다고 자신의 허물이 사라지는 것도 아니며, 다른 사람이 자신을 존경해 주는 것도 아니다. 무엇 때문에 사중의 모든 일들을 궁금해 하면서 스스로 온갖 의심을 일으켜 분란을 일으키겠는가. 오래 지켜본 바로는, 그런 사람일수록 점차 외로워지거나 수행을 계속하지 못하는 경우가 대부분이었다.

재가불자들도 역시 예외가 아니다. 많은 대중이 함께 공부하는 모임을 보면 정말 사소한 일로 인해 다투게 되고 사이가 멀어진다. 다른 종교의 신자들도 그렇겠지만, 절에 온 사람들은 마음의 병을 앓고 있다고 할 수 있는 것이다. 마음에 병이 없어 완전히 행복한 사람이라면 종교를 필요로 하지 않을 것이기 때문이다. 어떤 사람은 위로받기를 원하는 상태일 수도 있고, 또 어떤 사람은 마음을 터놓고 얘기할 상대가 필요한 경우도 있을 것이다. 그럼에도 불구하고 자신의 자존심만을 내세우고 대접

조화를 위해서는 위계와 질서를 필요로 한다.

이미 조화를 이룬 후라면 어떤 자세로 있어도 자연스럽다.

해 주기만을 바란다면 아무도 벗이 되어주지 않을 것이다. 서로 부족한 점을 채워주고 서로의 상처를 어루만져주는 것이 필요하다. 만약 적극적으로 그렇게 행하면 모든 사람이 벗이 될 것이다.

모임을 이끄는 간부들을 뒤에서 비방하는 것도 결코 좋은 결과를 가져오지 않는다. 적극적으로 동참하거나 은근히 도움을 주는 방법으로 모임이 건강하게 발전하도록 한다면, 자신도 즐겁고 다른 사람들도 즐거울 것이다. 그 모든 것이 어렵다면 묵묵히 자신을 살피고 부처님의 가르침을 배우는 일에만 힘써야 한다. 시비를 일삼는 사람이 행복해지는 것을 본 일이 없다.

비요사　　　　부득유주렵현
非要事어든 不得遊州獵縣하야

여속교통　　　영타증질
與俗交通하야 令他憎嫉하고

실자도정
失自道情이어다

당유요사출행
儻有要事出行이어든

고주지인급관중자
告住持人及管衆者하야

영지거처
令知去處니라

약입속가　　　절수견지정념
若入俗家어든 切須堅持正念하야

신물견색문성　　　　유탕사심
愼勿見色聞聲하고 流蕩邪心이어늘

우황피금희소　　난설잡사
又況披襟戲笑하야 亂說雜事하며

비시주식　　망작무애지행
非時酒食으로 妄作無碍之行하야

심괴불계　　우처현선인
深乖佛戒아 又處賢善人의

혐의지간　　기위유지혜인야
嫌疑之間이면 豈爲有智慧人也리요

요긴한要 일이事 아니면非 이 마을 저 마을로 다니면서遊州獵縣 속인들과俗 더불어與 교제하여交通 다른 사람들이他 미워하고憎 질투하게嫉 한다거나令 자신의自 도 닦는道 마음을情 잃지失 말라不得. 만일儻 요긴한要 일이事 있어有 나간다면出行

주지스님住持人 및及 대중을 책임지는 스님에게管衆者 일러서告 가는去 곳을處 알게知 해야 한다令.

만약若 속가에俗家 들어가면入 간절하게切 모름지기須 바른正 생각을念 굳게堅 지녀서持 사물을色 보고見 얘기를聲 들음에聞 삿된邪 마음이心 삼가愼 흘러나오게流蕩 하지 말아야 하거늘勿, 또又 하물며況 가슴을襟 풀어헤치고披 희희덕대고戲 웃으며笑 자질구레한雜 일을事 어지러이亂 말하고說, 때時 아닌非 술과酒 음식으로食 망령되이妄 거침없는無碍之 행위를行 하여作 심하게深 부처님의佛 계법을戒 어기겠는가乖. 또한又 어질고賢 착한善 사람이人 싫어하고嫌 의심하는疑 경우에之間 처한다면處, 어찌豈 지혜智慧 있는有 사람이라고人 하겠는가爲~也.

유주렵현(遊州獵縣)

주(州)와 현(縣)은 모두 옛날의 행정단위이고, 유(遊)와 렵(獵)은 돌아다니는 행위. 따라서 이 마을 저 마을로 돌아다닌다는 뜻.

여속(與俗)

속인들과 더불어. 출가하지 않은 일반 사람들과 더불어.

도정(道情)

도를 닦으려는 마음.

관중자(管衆者)

대중을 책임지는 스님. 선원의 원장과 입승, 강원의 강주나 입승 등의 책임자.

스스로 설산에 나아갔다가 뜻을 이루지 못하고 돌아온 이가 얼마나 많겠는가.

송강 해설

출가 수행자는 언젠가 세상 사람들에게 손을 내밀어 선지식의 역할을 해야 한다. 그러나 문제는 아직 자신을 완전히 제어할 수 없는 상태에서 많은 사람들과 어울리는 것은 불행을 자초할 수가 있다. 마치 초보운전자가 운전 자체에 집중하지 않고 옆 사람과 잡담을 나누거나 노래 부르는 일에 정신이 팔리면 사고가 날 가능성이 그만큼 커지는 것과 같다. 하물며 음주운전이나 과속운전을 일삼는다면 사고 칠 확률이 그만큼 높아지지 않겠는가. 부처님의 계법은 운전의 규칙과도 같다. 그러므로 완전히 자신을 제어할 수 있기 전에는 어떤 경우라도 지켜야 하는 것이다. 그래야만 사고를 방지할 수 있기 때문이다. 이것을 무시하다가 결국 자신이 세운 원력을 허물어버리고 세월이 흐른 뒤에 땅을 치며 후회하는 아까운 인재들을 참 많이 봐 왔다.

재가불자가 어떤 법회에 참여할 때에는 나름대

로의 각오가 있었을 것이다. 그러나 마음공부보다는 어울려 잡담하길 좋아하고 남의 허물만을 들추고 있다면, 차라리 그 모임에 참여하지 않는 편이 더 나을 것이다. 많은 사람들에게 상처를 주게 될 뿐만 아니라, 결국엔 스스로도 크게 후회하게 되는 것이다. 다만 그것을 미리 내다보지 못한다는 것이 문제이다. 그러므로 돌아올 수 없는 선을 넘기 전에 선지식의 직접적이거나 또는 간접적인 충고를 귀담아 들을 줄 알아야 한다. 그 선을 넘고 나면 돌아오고 싶어도 대중의 시선이나 평가가 부담스러워 스스로 오지 못하게 되기 때문이다. 참으로 많은 사람들이 그렇게 된 후에야 크게 후회하는 것을 보았다.

계초심학인문 06 지혜롭게 나아가라

주사당　　　신사미동행
住社堂호대　愼沙彌同行하며

신인사왕환　　　신견타호오
愼人事往還하며　愼見他好惡하며

신탐구문자　　　신수면과도
愼貪求文字하며　愼睡眠過度하며

신산란반연
愼散亂攀緣이어다

공부하는 처소에社堂 머물 때에는住 사미와沙彌 함께 생활함을同行 삼가고愼, 인사치레의 일로人事 오고가는 것을往還 삼가며愼, 다른 이의他 잘잘못에好惡 참견함을見 삼가고愼, 지나치게貪 문자文字 구함을求 삼가며愼, 잠자는 것睡眠 지나치게 함을過度 삼가고愼, 어지러운 마음으로散亂 대상에 반응함을攀緣 삼갈지어다愼.

....

사당(社堂)
조선조의 언해본(諺解本)에는 '암자'라고 번역했음. 수행하는 곳 또는 공부하는 처소.

사미(沙彌)
산스크리트어 샤라아마네라(śrāmaṇera)의 소리 옮김. 옛날에는 어린 나이에 출가하여 20세가 되기 전의 남자 수행자를 가리켰으나, 지금은 20세가 넘어 출가하기 때문에 행자기간을 끝내고 사미계를 받은 후 비구계를 받기 전까지의 남자 수행자를 뜻함.

탐구문자(貪求文字)
경전의 뜻을 살펴 실천에 옮기는 것은 소홀히 하면서 유식함을 자랑하려고 문장 등을 외우는 것.

산란(散亂)
근본 번뇌로부터 파생된 번뇌로 안정되지 못하고 어지러운 심리상태를 가리킴.

반연(攀緣)
마음이 대상을 만나 작용을 일으키는 것.

송강 해설

　수행이란 갖가지 얽힘에서 벗어나기 위해 애쓰는 것이다. 그래서 가장 보호받고 의지할 수 있는 집을 떠나는 출가에서부터 수행자의 길에 나서는 것이다. 비록 어리다고 해도 수행자는 이 원칙을 따라야 한다. 그래서 비록 동자승이라고 하더라도 어른이 응석을 받아주어서도 안 되고, 데리고 자서도 안 된다.

　수행에 매진하는 기간에는 자질구레한 인사치레 하느라고 분주히 오고 감에서 벗어나야 하고, 언제나 자신의 잘잘못을 살펴 고쳐야 한다. 그렇기 때문에 지도자가 아니라면 괜스레 타인의 잘잘못에 참견하는 것을 삼가야 한다. 또한 수행의 핵심은 자신의 근본을 깨닫는 데 있으므로, 그것에 대한 경전의 가르침을 잘 이해하고 실천에 옮기려 애써야 한다. 깊은 뜻도 모르고 실천하지도 않으면서 경전의 말만을 외워 잘난 체 하는 것은 번뇌일 뿐이다.

처음 수행하는 사람에게서 잘못된 두 가지의 특징을 볼 수 있다. 한 부류는 앉기만 하면 잠에 떨어지는 사람이고, 또 한 부류는 지나치게 불안하여 모든 것에 반응하는 사람이다. 두 부류는 모두 공부에 집중할 수 없고 지속적인 정진이 어렵다. 그러므로 선지식의 적절한 지도를 받아 잠을 쫓을 수 있는 힘을 기르고, 여러 가지 대상에 끌려가는 것을 막아 집중하는 힘을 키워야만 한다.

재가불자는 대개 자신의 문제를 불보살이나 선지식이 해결해 줄 것이라고 생각한다. 물론 선지식이 모른 체 할 리가 있겠는가마는 대신해 줄 수는 없다. 그러니 법문을 듣는 순간마다 자신을 비춰보고, 절할 때 몸을 던지는 그 순간 자신의 망상도 던져야 하며, 염불하는 그 순간 바로 불보살이 마음에 가득해야 하는 것이다. 절에 와서도 괜히 남의 허물이나 탓하며 온갖 일에 참견하다 보면, 인생은 화살처럼 달아나 문득 힘 빠진 초라한 늙은이를 거울에서 만나게 될 것이다.

비록 한 법석에 있으나 그 받아들임은 각기 다르다.

약우종사승좌설법
若遇宗師陞座說法이어든

절부득어법　　작현애상
切不得於法에　作懸崖想하야

생퇴굴심　　　혹작관문상
生退屈心하며　或作慣聞想하야

생용이심　　　당수허회문지
生容易心하고　當須虛懷聞之하면

필유기발지시
必有機發之時하리라

부득수학어자　　　단취구판
不得隨學語者하야　但取口辨이어다

소위사음수성독
所謂蛇飮水成毒하고

우음수성유
牛飮水成乳인달하야

지학성보리   우학성생사
智學成菩提하고 愚學成生死라함이
시야
是也니라

만약若 훌륭한 스승이宗師 법좌에座 올라陞
설법하는 자리에說法 참석하면遇, 절대切 그
법문이於法 드높아 어렵다는 생각을懸崖想 하
여作 공부를 포기하려는 마음을退屈心 내거나
生, 혹은或 늘 듣던 법문이라는 생각을慣聞想
하여作 아주 쉽다는 생각을容易心 내지生 말
라不得. 마땅히當 꼭須 그런 생각들을 비우고
虛懷 법문을之 들으면聞 반드시必 참된 마음
의 작용이 일어날 때가機發之時 있으리라有.
말語 배우는學 사람을者 따라隨 다만但 입으

로만口 힘쓰는 것을辨 취하지取 말라不得.
'뱀이蛇 물을水 마시면飮 독을毒 이루고成 소가牛 물을水 마시면飮 우유를乳 이룬다成'고 하였듯이所謂, 지혜롭게智 배우면學 깨달음을 菩提 이루고成 어리석게愚 배우면學 생사윤회를生死 이룬다는 것이成 이것이니라是也.

....

종사(宗師)
모든 이들이 우러러보는 경지에 이른 스승. 종단의 어른.

현애상(懸崖想)
깍아지른 절벽을 대하며 오를 수 없다는 생각을 하듯이 불가능하게 생각하는 것.

관문상(慣聞想)
늘 듣던 법문이라고 생각하여 주의 깊게 살피지 않는 것.

기발(機發)
진기(眞機)가 펼쳐짐. 참된 마음의 작용이 일어남.

학어자(學語者)
말 배우는 사람 즉 이론가.

구판(口辦)
입으로 힘씀. 몸으로는 실천하지 않고 마음을 깨닫는 것에도 힘쓰지 않으면서 단지 말로만 분별하는 것에 힘을 쏟는 것.

오로지 일심으로 임해야 법의 문이 열린다.

송강 해설

　선지식의 법문을 들으면서도 공부에 진전이 없는 것은 두 가지 잘못이 있다. 하나는 너무 아득히 높다는 생각으로 지레 겁을 먹고 포기하는 것이고, 또 하나는 다 아는 이론이라는 생각으로 법문을 깊이 살피며 자신을 비춰보지 않는다는 것이다. 법문을 들을 때는 언제나 이런 생각을 버리고 일심으로 받아들여야 한다. 간절한 마음으로 행하다 보면 어느 순간 선지식의 마음과 자신의 마음이 바로 통해지는 경험을 하게 될 것이다. 만약 이런 체험이 없이 이론만을 배워 익히고 옳고 그름을 논한다면, 마치 수박의 겉만 혀로 핥으며 갈증만 심해진다고 불평하는 사람과 같다.

　공부를 하되 지혜롭게 해야 한다. 밝은 선지식의 지도를 받으며 열심히 정진하면 누군들 해탈하지 못하겠는가마는, 삿된 마음으로 지식만을 취한다면 오히려 그것이 독이 될 뿐이다.

재가불자 중에는 스님들보다 선지식을 더 많이 친견한 이들이 있고, 법문 또한 훨씬 더 들은 이들이 많다. 그런데 그것을 자랑할 줄만 알았지 스스로 깨닫는 일에는 소홀한 것이 문제다. 만나는 선지식마다 자신의 거울로 삼아 비춰보고, 법문 들을 때마다 자신의 망심을 비웠다면 어찌 해탈하지 못하겠는가. 자신을 스스로가 속여서는 안 된다. 잘못된 것은 잘못되었다고 인정할 때 고칠 수 있고, 이루지 못한 것은 이루지 못했다고 인정해야만 다시 노력할 수 있는 것이다.

　종교인이 어리석은 상태로 있어서도 안 되지만, 사악해져서는 더더욱 안 된다.

07 도를 마음에 품은 사람

우부득어주법인
又不得於主法人에

생경박상   인지어도
生輕薄想이니 因之於道에

유장   불능진수
有障하야 不能進修하리니

절수신지
切須愼之어다

논운   여인야행
論云호대 如人夜行에

죄인집거당로   약이인오고
罪人執炬當路어든 若以人惡故로

불수광명   타갱락참거의
不受光明하면 墮坑落塹去矣라하니라

문법지차　　여리박빙
聞法之次에　如履薄氷하야

필수측이목이청현음
必須側耳目而聽玄音하며

숙정진이상유치　　　하당후
肅情塵而賞幽致타가　下堂後에

묵좌관지　　여유소의
默坐觀之호대　如有所疑어든

박문선각　　석척조순
博問先覺하며　夕惕朝詢하야

불람사발　　　여시
不濫絲髮이어다　如是라야

내가능생정신
乃可能生正信하야

이도위회자여
以道爲懷者歟인저

또한又 법문을 주재하는 사람(법사)에게於主法人 업신여기는 생각을輕薄想 내지生 말라不得. 그 생각으로之 인해因 도에於道 장애가障 되면有 능히能 나아가進 닦지修 못하리니不 간절하게切 반드시須 삼갈지어다愼之.

논에論 '어떤如 사람이人 밤길을 갈 때에夜行 죄인이罪人 횃불을炬 든 것을執 길에서路 만났는데當, 만약若 그 죄인이人 밉다는惡 이유로써以~故 불빛을光明 받지受 않는다면不, 구덩이에坑 떨어지고墮 웅덩이에塹 빠지고落 말 것이다去矣.'고 하였다云. 법문을法 들을聞 때에는之次 얇은薄 얼음을氷 밟듯이履 하여如, 반드시必 꼭須 귀와耳 눈을目 기울이고側 그리고는而 깊은玄 법문을音 들으며聽, 마음의情 망념을塵 가라앉히고肅 그리고는而 깊은幽 이치를致 살피다가賞, 법당을堂 내려온

下 후에는後 묵묵히默 앉아坐 그것을之 관하라觀. 만일如 의심되는 바가所疑 있거든有 널리博 먼저先 깨친 이에게覺 묻고問, 저녁에夕 걱정하고惕 아침에朝 물어서詢, 실 터럭만큼이라도絲髮 함부로 하지濫 말라不. 이렇게 하여如是 비로소乃 가히可 바른正 믿음信 낼 수生 있어야能 도로써以道 마음을懷 삼은爲 자라고 할 것이다者歟.

주법인(主法人)
법문을 주재하는 사람이니 곧 법사를 가리킴.

경박상(輕薄想)
업신여기는 생각.

이(而)
긍정적으로나 부정적으로 흐름을 이어갈 때 쓰는 말. 그리고, 그러나, 그리하여 등으로 풀이함. 긍정적일 경우에는 그냥 풀이하지 않아도 됨.

정진(情塵)
마음에서 일어나는 망상. 정(情)은 심리작용이고 진(塵)은 번뇌임.

송강 해설

　법문을 듣는 것은 깨닫기 위함이다. 그런데 좀 안다는 생각이 일어나면 법사를 업신여기거나 가벼이 생각해 버리기에 법문을 제대로 듣질 않는다. 이것은 법사가 손해 보는 것이 아니라 업신여기는 자가 손해를 보는 것이다. 왜냐하면 결국 수행에 진척이 없어지기 때문이다.

　법문을 들을 때는 법사에 대해 좋고 싫다는 생각을 일으켜선 안 된다. 그 분별 때문에 법문을 놓치게 되면 자신만 시간 낭비하는 것이다. 옛 어른들 중에는 경론 보는 것을 질타하는 분들이 계셨다. 괜스레 알음알이만 키운다고 봤기 때문이다. 물론 그런 오류를 범하는 이들이 있긴 하지만, 그럼에도 불구하고 경론보다 더 좋은 스승은 없다. 사고 날 가능성이 있다고 교통수단을 멀리한다면 노력은 많이 하되 성과는 아주 적을 것이다.

　법문을 들을 때는 온몸으로 들어야 한다. 법문

외의 그 어떤 것도 생각지 말 것이며, 언어 너머의 이치를 찾으려 해야 한다. 만약 그 자리에서 찾지 못하면 찾을 때까지 추구해야 할 것이며, 의문이 생기면 즉시 선지식을 찾아 물어야 한다.

만약 터럭만큼이라도 의심하지 않고 부처님의 법을 믿을 수 있게 된다면, 비로소 도를 마음에 품었다고 할 수 있을 것이다.

재가불자 중에 아주 많이 아는 이들이 있다. 어지간히 공부한 스님들도 혀를 내두르게 할 만큼 많이 아는 이들이 있다. 그런데 알 뿐이다. 자신의 삶에는 그 앎이 전혀 도움이 되지 못하는 것을 볼 때마다 참으로 안타까울 따름이다. 그저 사소한 것에 다투고 마음 상하는 것을 보면, 옛 어른들이 "놓아라!" 고함치신 이유를 알게 된다.

흙과 물로 뭉쳐 말려놓은 그릇은 물을 담으면 바로 뭉그러져 버린다. 흙을 녹여버리는 불을 통과하여야 비로소 도자기가 된다. 목숨을 건 수행을 통과하지 않은 앎은 그저 말린 흙 그릇에 불과하다. 가만 두면 진짜인 것처럼 보이지만 건드리는 순간 가짜임을 스스로 드러낸다.

어떤 여건에서도 흔들리지 않는 모습을 보여줄 수 있어야 비로소 거사요 보살이다.

부처님의 설법을 듣고 환희하는 모습

선정과 지혜가 원만한 자리

무시습숙애욕에치
無始習熟愛欲恚癡가

전면의지　　잠복환기
纏綿意地하야　暫伏還起호미

여격일학　　　일체시중
如隔日瘧하나니　一切時中에

직수용가행방편지혜지력
直須用加行方便智慧之力하야

통자차호　　기가한만
痛自遮護언정　豈可閒謾으로

유담무근　　허상천일
遊談無根하야　虛喪天日하고

욕기심종이구출로재
欲冀心宗而求出路哉리요

비롯함始 없이無 익혀온習熟 목마른 애착과愛 탐욕과欲 화냄과恚 어리석음이癡 마음 바탕을 意地 칭칭 얽어매어纏綿, 잠시暫 숨었다가伏 다시還 일어남이起 하루거리隔日 학질瘧 같다 如. 어느 때라도一切時中 다만直 모름지기須 더욱 노력하는加行 갖가지 수행과方便 지혜의 智慧之 힘을力 써서用 간절하게痛 스스로自 막고遮 보호할지언정護, 어찌豈 가히可 (수행 을) 등한히 하고閒 게으름 피우며謾 근거根 없 이無 떠도는遊 말로談 나날을天日 헛되이 보 내면서虛喪 마음 깨닫기를 바라고欲冀心宗 또 한而 해탈의 길을出路 구하려는가求~哉?

애욕에치(愛欲恚癡)
갈애(渴愛), 탐욕(貪欲), 진에(瞋恚), 우치(愚癡)의 네 가지 대표적인 번뇌.

전면(纏綿)
칭칭 얽힘.

의지(意地)
마음 바탕

격일학(隔日瘧)
하루거리 학질.

일체시중(一切時中)
모든 때 가운데, 어느 때라도.

가행방편(加行方便)
보통 이상으로 노력하는 수행.

가장 위대한 대장부
-보드가야 마하보디대탑의 석존

욕기심종(欲冀心宗)
마음의(心) 근본(宗)을 바람. 즉 깨닫기를 바람.

출로(出路)
윤회에서 벗어나는 길. 해탈의 길.

선정과 지혜가 원만한 자리

송강 해설

　수행이란 생각만으론 결코 되지 않는다. 너무나 오랫동안 습관이 되어버린 온갖 나쁜 버릇들은 생각만으론 결코 그쳐지지 않는다. 피나는 노력을 기울여야만 겨우 잠잠해지는 것처럼 보일 뿐이다. 그러다가 잠시 게으름을 피우면 어느 틈엔가 비온 뒤 잡초가 솟듯이 옛 버릇이 나온다.

　출가자의 입장에서 출가자를 보자면 참으로 어려움이 많은 것도 사실이다. 그럼에도 불구하고 분명 바른 안목을 열어 선지식이 되는 이들도 많다. 다시 말해 신명(身命)을 바쳐 수행하면 분명 적멸의 경지에 이른다. 그럼 왜 많은 수행자가 중도에 포기하고 마는가? 이것은 처음의 결심을 스스로 지키지 않고 한눈파는 일이 비일비재하다는 것이다. 만일 고속도로에 들어선 운전자가 잘 뚫린 길에 들어섰다고 안심하여 주의를 집중하지 않고 한눈파는 일이 많아진다면 어찌 목적지에 이른다고 할 수 있겠는가.

　재가불자 중에도 분명 적멸의 경지에 이른 이들이 있다. 그러나 대부분이 치열한 수행보다는 안일주의에 치우쳐 있다. 출가한 수행자가 고속도로를 달린다고 한다면 재가불자는 비포장 국도를 달린다고 할 수 있다. 운전의 경험이 많은 이들은 비포장 도로에서 운전하는 일이 얼마나 주의를 요하는 지를 분명히 알 것이다. 어떤 면에서 재가불자는 출가한 수행자보다 더 적극적인 자세로 임해야 비로소 어느 정도의 성과를 거둘 수 있을 것이다. 자신이 원하는 세속적인 측면을 그대로 유지하면서 깨달음에 이르겠다는 것은 참으로 엄청난 노력이 필요한 것이다. 그렇기 때문에 몇 번의 참배나 법회 참석으로 출가한 수행자와 같은 경지에 이를 수 있다는 착각을 버려야 한다.

단견지절   책궁비해
但堅志節하야 責躬匪懈하며

지비천선   개회조유
知非遷善하야 改悔調柔하야

근수이관력전심
勤修而觀力轉深하며

연마이행문익정
鍊磨而行門益淨하리라

장기난조지상   도업항신
長起難遭之想하면 道業恒新하고

상회경행지심   종불퇴전
常懷慶幸之心하면 終不退轉하리니

여시구구   자연정혜원명
如是久久하면 自然定慧圓明하야

견자심성   용여환비지
見自心性하며 用如幻悲智하야

환도중생   작인천대복전
還度衆生하야 作人天大福田하리니

절 수 면 지
切須勉之어다

다만但 지조와志 절개를節 굳게 하여堅 자신을躬 꾸짖어責 게으르지懈 않게 하며匪, 허물을非 알고知 착함에善 옮겨遷 잘못을悔 고치며改 조화롭고調 부드럽게 하여柔 부지런히勤 닦으면修 곧而 관하는觀 힘이力 점점轉 깊어지고深, 갈고 닦으면鍊磨 곧而 수행의 문이行門 더욱益 맑아지리라淨.

길이長 불법 만나기 어렵다는 생각을難遭之想 일으키면起 수행하는 일이道業 늘恒 새롭고新, 언제나常 경사스럽고 다행하다는 마음을

慶幸之心 품으면懷 끝내終 물러나지退轉 않으리라不. 이와 같이如是 오래오래 하면久久 자연히自然 선정과定 지혜가慧 온전히圓 밝아져서明 자기의自 심성을心性 보며見, 허깨비幻 같은如 자비와悲 지혜를智 써서用 도리어還 중생을衆生 제도하여度 인간과人 천상의天 큰大 복福 밭이田 될 것이니作, 간절하게切 모름지기須 수행에之 힘쓸지어다勉.

....

난조지상(難遭之想)
불법 만나기 어렵다는 마음.

도업(道業)
도 닦는 일. 수행하는 일.

경행지심(慶幸之心)
불법 만난 것이 경사스럽고 다행한 일이라는 마음.

여환비지(如幻悲智)
허깨비 같은 자비와 지혜. 자비와 지혜는 고정된 것이 아니라 그때그때의 상황에 따라 펼쳐지기 때문에 허깨비 같다고 함.

송강 해설

　도를 닦는 것은 자신의 마음자세에 달렸다. 먼저 자신의 허물을 볼 수 있어야 한다. 대개의 사람은 자신의 허물을 보지 않거나 애써 외면하면서 변명을 일삼는다. 그래서는 절대로 나아질 수가 없다. 자신의 게으름과 거친 것을 스스로 꾸짖을 수 있어야 한다. 이렇게 부지런히 노력하면 이윽고 힘을 얻게 된다. 바깥 경계에 휘둘리지 않게 되고 생각도 점차 고요해진다. 그러면서 가짜에 속지 않는 힘이 생기게 되고, 수행이 이런 것이로구나 하는 맛을 알게 된다.

　그런데 수행이라는 것이 장애물 경주와도 같음을 알아야 한다. 겨우 작은 힘이 생겼다고 해도 방심하면 다음 순간 넘어진다. 하지만 금생에 도 닦는 일을 끝내겠다는 각오로 꾸준히 노력한다면 무엇인들 이루지 못하겠는가. 이윽고 자신의 심성이 부처님과 다르지 않음을 깨닫게 될 것이며, 모든 중생이 자신과 한 뿌리임을 깨닫게 될 것이다. 이렇게 되어야 비로소 대장부의 큰 뜻을 이루었다고 할 수 있을 것이다.

　재가의 불자는 유혹이나 장애가 훨씬 많다고 할 수 있다. 그렇지만 어리석은 삶이 얼마나 괴로운 것인지를 출가자보다도 더 자주 많이 체험할 수 있으니, 어쩌면 공부해야겠다는 각오를 더 자주 할 수 있지 않겠는가. 하지만 바깥일에나 신경 쓴다면 마음공부는 어려울지 모른다. 백인의 출가자 중에 한 사람의 선지식이 나오기 어려운데, 하물며 재가자가 자기 좋아하는 일 다 하면서 마음공부 되기를 바라는 것은 무지개를 잡으려는 것과도 같다.
　세상은 참 편리해졌다. 마음만 먹는다면 공부할 시간을 내는 것이 훨씬 쉬워졌다. 집에서나 절에서 틈틈이 자신의 마음을 자세히 살펴보라. 만약 야생동물처럼 날뛰고 있다면 고삐를 단단히 잡아야 할 것이다. 자기 마음이 미쳐 날뛰도록 방관하는 것은 스스로가 자신을 포기하는 것이다. 고삐를 놓치는 순간 행복과는 또 다시 멀어진다는 것을 알아야 한다.

재가의 불자도 능히 깨달을 수 있다. 할 수 없는 것이 아니라 다만 하지 않을 뿐이다. 불법을 만났다는 것은 행운아라는 뜻이다. 그 행운을 자기 것으로 할 때 비로소 행복하고 고귀한 사람이 된다.

위대한 대장부의 자리-보드가야 보리수 앞

발심수행장

發心修行章

발심수행장 01 위대한 스승의 향기

원효(元曉) 스님의 생애

원효스님(617~686)은 신라의 고승이시며, 당나라에서도 존경 받던 분으로 기록이 남아 있다. 오늘날에도 세계적인 불교학자이며 고승으로서 추앙 받는 분이시다.

부모님께서 기도를 올리고 내려오시다가 밤나무 아래에서 출산을 하였는데, 지금의 경북 선산군에 해당되는 압량군(押梁郡) 불지촌(佛地村)이 그곳이다. 속성(俗姓)은 설(薛)씨이며, 어릴 적 이름은 서당(誓幢)으로『삼국유사』에 나온다.

소년 시절에는 화랑의 무리에도 들었으나 도중에 깨달은 바가 있어 15세 무렵에 집안의 재산을 희사(喜捨)하고 출가하여 자신의 집을 절로 지어 초개사(初開寺)라고 하였다. 그리고 자신이 태어난 사라수(裟羅樹) 곁에 사라사(沙羅寺)를 세웠다.『삼국유사』에 따르면 낭지(朗智)법사와 혜공(惠空)대사 등의 고승에게 불법을 배웠다고 전해지며, 완산주(完山州)에 머무르며 열반종(涅槃宗)을 강론하던 고구려의 고승 보덕(普德)화상에게 열반경(涅槃經)과 유마경(維摩經) 등을 배웠다는 기록도 있다. 그러나 특별하게 스승을 정해 놓고 배우지는 않았던 것으로 전해진다. 648년(진덕여왕 2년)에는 황룡사(皇龍寺)에서 불경을 연구하며 수도하였다.

650년(진덕여왕 4년), 의상(義湘)스님과 함께 당(唐)나라로 유학을 떠나려 했으나 요동(遼東)에서 첩자(諜者)로 몰려 사로잡혀 실패하였다. 661년(문무왕 원년)에 다시 의상스님과 함께 당나라로 떠나려 시도하였다. 배를 타러 당항성(唐項城, 지금의 경기도 화성시)으로 가던 길에 밤을 맞아 오래된 무덤에서 잠을 자다가 잠결에 해골에 괸 물을 마셨다. 다음날 아침 자신이 달게 마신 지난밤의 물이 해골에 담긴 것임을 알고 구토를 하다가 문득 깨달음을 얻었다. '이 세상의 온갖 현상은 모두 마음에서 일어나며, 모든 것은 오직 인식일 뿐이다. 마음 밖에 법이 없는데, 어찌 따로 구할 필요가 있겠는가(三界唯心 萬法唯識 心外無法 胡用別求)'하고는 당으로 가는 길을 그만두었다고 전한다.

신라에 남은 원효스님은 분황사(芬皇寺) 등에 머

분황사 모전석탑

무르며 불경을 연구하였고,『화엄경소(華嚴經疏)』 등의 저술에 힘쓰기도 하였다. 그러다가 요석공주(瑤石公主)와의 사이에서 설총(薛聰)을 낳은 뒤에는 스스로 소성거사(小性居士), 복성거사(卜性居士)라고 칭하며 서민 속으로 들어갔다. 스님은 광대들이 가지고 노는 큰 박을 두들기며 무애가(無碍

원효대사 진영(일본 교토 고산사高山寺 소장)-일본국보

위대한 스승의 향기 133

歌)를 부르고 춤을 추며 사람들을 가르쳤다. 무애가(無碍歌)는 '모든 것에 걸리지 않는 사람이, 한 길로 삶과 죽음을 넘어선다(一切無碍人 一道出生死)'는 화엄경(華嚴經)의 구절에 가락을 붙인 것이다. 원효스님은 사람들에게 본래의 마음을 깨달으면 정토(淨土)를 이룰 수 있으며, 입으로 부처의 이름을 외우고 귀로 부처의 가르침을 들으면 성불할 수 있다고 가르쳤다. 이러한 원효스님의 활동으로 신라의 백성들은 모두 부처님의 가르침을 알고 '나무아미타불'의 염불을 외우게 되었다고 전해진다.

만년에는 경주의 고선사(高仙寺)에 머무르다가, 686년(신문왕 6년) 3월 30일 혈사(穴寺)에서 70세의 나이로 입적하였다.

원효(元曉)라는 법명은 스스로 지었다고 하며, 이는 불교를 새로 빛나게 한다는 뜻으로 당시 사람들은 '새벽[始旦]'이라는 뜻의 우리말로 불렀다고 전해진다. 고려 숙종 때(1101년)에는 대성화쟁국사

(大聖和諍國師)라는 시호(諡號)를 받았다. 한국 불교 사상의 발달에 크게 기여하여 해동보살(海東菩薩), 해동종주(海東宗主)라고도 불린다.

원효스님의 저술

원효스님은 불교 경전의 연구에도 힘을 기울여 당시 전해진 거의 모든 경론(經論)들에 대한 주석서(註釋書)를 저술하였다. 원효스님이 남긴 저술에 대해서는 학자들마다 견해가 다르지만, 모두 100여 종 240여권에 이르는 것으로 알려져 있다.

현재 전해지고 있는 저술은 『금강삼매경론(金剛三昧經論)』, 『기신론별기(起信論別記)』, 『대승기신론소(大乘起信論疏)』, 『대승육정참회(大乘六情懺悔)』, 『유심안락도(遊心安樂道)』, 『법화경종요(法華經宗要)』, 『열반경종요(涅槃經宗要)』, 『무량수경종요(無量壽經宗要)』 등이 있고, 이 중 『대승기신론소』, 『금강삼매경론』 등은 중국의 고승들도 '해동소

(海東疏)'라 칭하며 즐겨 인용하였다.

원효스님의 사상

원효스님의 사상은 '일심사상(一心思想)'과 '화쟁사상(和諍思想)'이라고 할 수 있다.

1 일심사상(一心思想)

불교의 수행목표는 깨달음이다. 이 깨달음은 심식(心識)의 근본 자리인 본각(本覺)으로 돌아가는 귀일심원(歸一心源)의 행위에 의해 가능하다. 그 행위의 구체적 방법은 육바라밀이다.

인간은 누구나 불성을 가지고 있으며, 이러한 마음의 근원을 회복하면 누구나 부처가 될 수 있다. 이 마음의 근원이 바로 '일심(一心)'이다. 일심은 모든 존재와 현상의 근거이며, 일심이 구현된 세계가 바로 극락정토(極樂淨土)이다. 일심은 평등하고 무차별하며, 일심에서 보면 진여(眞如)와 생멸(生滅)

이 다르지 않다. 따라서 마음의 근원을 회복한다는 것은 일체의 차별을 넘어서고, 만물이 평등하다는 것을 깨우치는 것이다. 원효스님은 이 이치를 『금강삼매경론(金剛三昧經論)』과 『대승기신론소(大乘起信論疏)』 등에서 자세히 밝혔다.

2. 화쟁사상(和諍思想)

모든 불교의 교학은 그 근원이 부처님으로부터 비롯된 것이다. 뿐만 아니라 모든 교학의 목표 또한 성불에 있다. 시작과 끝은 같지만 그 수행의 과정은 각양각색으로 달라질 수 있다. 원효스님은 모든 경론을 연구한 결과로, 비록 과정에 해당하는 수행법은 다를지라도 목적지에 도달해 보면 동일한 경지라는 것을 아셨다. 그러므로 각 종파와 교학에서의 독특한 주장을 인정하면서, 그 모든 것이 최종적으로 다르지 않으므로 끝없는 쟁론을 일삼을 것이 없음을 강조한 것이다. 따라서 '화쟁(和諍)'은 다양한 불교 이론들 사이의 다툼을 화해시키는 것이며, 보다 높은 차원으로 모두를 승화시키려는 것이었다.

부처와 중생의 차이

<ruby>夫諸佛諸佛<rt>부제불제불</rt></ruby>이 <ruby>莊嚴寂滅宮<rt>장엄적멸궁</rt></ruby>은

<ruby>於多劫海<rt>어다겁해</rt></ruby>에 <ruby>捨欲苦行<rt>사욕고행</rt></ruby>이요

<ruby>衆生衆生<rt>중생중생</rt></ruby>이 <ruby>輪廻火宅門<rt>윤회화택문</rt></ruby>은

<ruby>於無量世<rt>어무량세</rt></ruby>에 <ruby>貪欲不捨<rt>탐욕불사</rt></ruby>니라

<ruby>無防天堂<rt>무방천당</rt></ruby>에 <ruby>少往至者<rt>소왕지자</rt></ruby>는

<ruby>三毒煩惱<rt>삼독번뇌</rt></ruby>로 <ruby>爲自家財<rt>위자가재</rt></ruby>요

<ruby>無誘惡道<rt>무유악도</rt></ruby>에 <ruby>多往入者<rt>다왕입자</rt></ruby>는

사사오욕　　　위망심보
　　四蛇五欲으로　爲妄心寶니라

무릇夫 모든 부처님들께서諸佛諸佛 깨달음의 경지를寂滅宮 펼쳐 보이심은莊嚴 헤아릴 수 없는 세월의多劫 삶에서於~海 욕심을欲 버리고捨 수행하셨기 때문이며苦行, 중생들이衆生衆生 불타는 집과 같은 고통스러운 세계를火宅門 돌고 도는 것은輪廻 한량없는無量 세상에서於~世 탐욕을貪欲 버리지 않아서이다不捨.

막지防 않는無 천상세계에天堂 가서往 이르는至 이가者 적은 것은少 탐욕과 성냄과 어리석음의 세 가지 독의三毒 번뇌를煩惱 자기自 집안家 재물로財 삼아서이며爲, 권하지誘 않는

無 좋지 못한 세계에惡道 가서往 들어가는入 이者 많은 것은多 몸과四蛇 다섯 가지 경계에 대한 욕심을五欲 망령되이妄 마음의心 보배로寶 삼아서이다爲.

부(夫)
대저, 대체로 보아서, 무릇.

장엄(莊嚴)
멋있게 꾸민다는 뜻이 일반적이나 불교에서는 '드러내 보이다' '건설하다' 등의 뜻이 있음.

적멸궁(寂滅宮)
적멸한 궁전. 적멸은 부처님의 깨달음. 깨달음이란 모든 번뇌 등이 사라진 고요하고 맑음의 극치인데, 이를 일반인에게는 말로 풀어서 설명해야 짐작할 수 있음. 경전에서는 깨달음을 이루신 부처님들의 세계를 갖가지 정토(淨土)로 설명하고 있는데, 원효대사는 이것을 적멸궁이라고 표현하고 있음.

겁(劫)
범어 깔빠(kalpa)의 소리 옮김인 겁파의 줄인 말.
『잡아함경(雜阿含經)』에서는 다음과 같이 설명하고 있음.

① 사방과 상하로 1유순(由旬:약 15km)이나 되는 성(城) 안에 겨자씨를 가득 채우고, 100년마다 겨자씨 한 알씩을 꺼내어 전부를 다 꺼내는 정도의 시간.
② 사방이 1유순이나 되는 큰 반석(盤石)을 100년마다 한 번씩 흰 천으로 닦아서, 그 돌이 다 마멸되는 정도의 시간.

윤회(輪廻)
범어 삼사아라(saṃsāra)의 번역어. 유전(流轉)이라고도 한역함. 원뜻은 '흐르다'임. 해탈하지 못한 중생이 천상에서 지옥의 여섯 세계를 끝없이 나고 죽기를 되풀이하는 것.

화택문(火宅門)
'불타고 있는 집'이라는 뜻으로 매우 힘들고 위험한 세계를 뜻함. '화택(火宅)'은 『묘법연화경(妙法蓮華經)』〈비유품 제3〉에 나오는 '화택의 비유'에서 가져왔는데, 어리석은 중생들이 윤회를 벗어나지 못하고 있는 것이, 마치 철모르는 아이들이 불타고 있는 낡고 큰 집에서 놀이에 정신을 뺏겨 집 밖으로 나오지 않는 것과 같다고 설명함.

삼독(三毒)
번뇌 중에서도 가장 좋지 못한 세 가지. 끝없는 탐심(貪), 주체하지 못하는 분노(瞋), 완전한 어리석음(癡).

악도(惡道)
여섯 가지 중생의 세계 중에서 특히 좋지 못한 지옥·아귀·축생의 셋을 말함.

사사(四蛇)

육체를 구성하는 네 가지 요소인 사대(四大-地大, 水大, 火大, 風大)를 뱀에 비유한 것. 곧 땅의 기운인 살과 뼈, 물의 기운인 피 등의 수액, 불의 기운인 체온, 바람의 기운인 호흡과 움직임.

오욕(五欲)

색(色)·성(聲)·향(香)·미(味)·촉(觸)에 대해 끝없이 욕망을 일으키는 것.

아잔타 석굴 기둥의 불화
-빈 마음과 충만한 빛

송강 해설

부처님의 경지와 중생의 경지, 해탈한 사람과 고뇌하는 사람의 차이는 간단하다. 부처님처럼 해탈한 분들은 한없는 생을 오직 자기중심의 욕심을 버리고, 남들이 불가능하다고 포기해 버린 수행을 계속하였기 때문이다. 반대로 어리석은 사람들은 괴로움을 가져올 탐욕이 일어나는 대로 살아왔기 때문에, 끝없이 되풀이 되는 고통스런 삶을 되풀이하는 것이다. 사람들은 모두 복을 바라면서도 복된 삶을 살지 못한다. 누군들 남들의 부림을 당하고 싶으며, 굶주림과 힘든 삶을 살고 싶겠는가. 그런데 왜 그렇게도 원하는 복된 삶은 어렵고, 남 좋은 일만 하면서 고통이 끊일 사이가 없는가? 답은 간단하다. 닥치는 대로 갖길 원하고 뜻대로 되지 않으면 분노했으며, 자신의 마음을 맑히고 밝히는 것보다는 몸을 최고로 생각하면서 감정이 원하는 대로 살려고 했기 때문이다.

인수불욕귀산수도
人誰不欲歸山修道리요마는

이위부진　애욕소전
而爲不進은　愛欲所纏이니라

연이불귀산수수심
然而不歸山藪修心이나

수자신력　　불사선행
隨自身力하야　不捨善行이어다

자락　　능사　　신경여성
自樂을　能捨하면　信敬如聖이요

난행　　능행　　존중여불
難行을　能行하면　尊重如佛이니라

간탐어물　　시마권속
慳貪於物은　是魔眷屬이요

자비보시　　시법왕자
慈悲布施는　是法王子니라

사람이人 누가誰 산에山 돌아가歸 도道 닦으려고修 하지欲 않으랴마는不 그러나而 나아가지進 못하게不 됨은爲 애욕에愛欲 얽매여서이다所纏.

그처럼然而 깊은 산에山藪 돌아가歸 마음을心 닦지修 못해도不 자신의自身 힘을力 따라隨 선한善 행실을行 버리지捨 말라不.

자기의自 쾌락을樂 능히能 버리면捨 성인처럼如聖 믿음과 공경을 받고信敬, 어려운難 행을行 능히能 실천하면行 부처님처럼如佛 존중받으리라尊重.

재물에物 대해於 아끼고慳 탐하면貪 이것이是 마구니魔 권속이고眷屬, 자비로慈悲 베풀면布施 이것이是 부처님의法王 아들이다子.

··

법왕자(法王子)
법왕의 아들. 참된 불제자. 올바른 수행자.

송강 해설

　사람이 살면서 누구나 도를 닦고자 하는 마음을 가질 것이다. 그러나 좋아하는 것과 하고 싶은 일이 발목을 잡는다. 비록 그렇기는 하지만 항상 능력 따라 마음에 기쁨 생기는 일을 하면 된다. 이기적인 삶에서 벗어나면 곧 보살의 길을 갈 수 있을 것이니, 사람들이 성현처럼 부처님처럼 믿고 따를 것이다. 해탈을 방해하는 것은 밖에 있는 것이 아니다. 물질에 대한 욕심의 노예가 되면 항상 괴로울 것이고, 자비로운 마음으로 베풀면 자기 마음이 한없는 기쁨으로 충만해질 것이다.

갠지스의 걸인들-가득 찬 바람과 빈 깡통

03 수행자의 마음가짐

고악아암　　　지인소거
高嶽峨巖은　智人所居요

벽송심곡　　　행자소서
碧松深谷은　行者所捿니라

기찬목과　　　위기기장
飢餐木果하야　慰其飢腸하고

갈음유수　　　식기갈정
渴飲流水하야　息其渴情이니라

끽감애양
喫甘愛養하야도

차신　　정괴
此身은　定壞요

착유수호　　　　명필유종
着柔守護하야도　命必有終이니라

높은高 산嶽 험준한岌 바위는巖 지혜로운智 사람이人 머물居 곳이요所, 푸른碧 솔松 깊은深 계곡은谷 수행자가行者 거처할捿 곳이다所.

배고프면飢 나무 열매를木果 먹어餐 그其 주린飢 창자를腸 달래고慰, 목마르면渴 흐르는流 물을水 마셔飮 그其 목마른渴 생각을情 쉬어라息.

맛있는 음식을甘 먹고喫 사랑하여愛 기르더라도養 이此 몸은身 반드시定 허물어지고壞, 부드러운 것을柔 입어着 지키고守 보호하여도護 목숨은命 반드시必 끝이終 있다有.

송강 해설

    수행이 무르익지 않은 상태에서는 환경의 영향이 크다. 그러므로 한참 수행할 때는 가능하면 세속과 떨어진 곳에 있는 것이 좋다. 뿐만 아니라 육체적 욕구에 끌려가기 시작하면 수행은 어렵다. 그래서 한참 수행할 때는 일부러 거친 곳에 머물면서 몸을 조복 받고 생각을 극복해 가는 것이다.

중국 숭산의 소림동-달마대사께서 면벽 9년 했던 곳

조향암혈　　위념불당
助響巖穴로　爲念佛堂하고

애명압조　　위환심우
哀鳴鴨鳥로　爲歡心友니라

배슬　　여빙
拜膝이　如氷이라도

무련화심
無戀火心하며

아장　　여절
餓腸이　如切이라도

무구식념
無求食念이니라

홀지백년　　　운하불학
忽至百年이어늘　云何不學이며

일생　　기하　　　불수방일
一生이　幾何관대　不修放逸고

메아리響 울리는助 바위굴로嚴穴 염불하는念佛 법당으로堂 삼고爲, 슬피哀 우는鳴 새들로鴨鳥 마음을心 기쁘게 하는歡 벗으로友 삼아라爲.

절하는拜 무릎이膝 얼음장氷 같아도如 불을火 그리는戀 마음이心 없어야 하고無, 주린餓 창자가腸 끊어질 것切 같아도如 음식食 구하는求 생각이念 없어야 한다無.

문득忽 백년에百年 이를 것이데至 어째서云何 배우지學 않으며不, 일생이一生 얼마이기에幾何 수행하지修 않고不 놀겠는가放逸.

조향(助響)
소리를 돕는, 울림을 돕는, 메아리 울리는.

압조(鴨鳥)
오리와 새. 새들.

사자산 법흥사 적멸보궁 뒤의 토굴
- 옛날 스님이 수행하던 곳이었는데, 지금은 단을 쌓아서 들어갈 수 없음

라닥의 라마유르 사원 법당 내에 있는 동굴. 동굴 속의 띨로빠상(좌) 나로빠상(중) 밀라레빠상(우)

송강 해설

　예전의 사찰에는 공부 외에는 다른 소일거리가 별로 없었다. 하긴 농사짓고 나무하며 청소하고 공양 짓는 그 모든 것을 수행으로 여기고 살았으니, 어찌 마음을 허투루 버려두겠는가. 기어이 깨닫고 말겠다는 각오가 된 사람이라면 영하의 법당에서도 뜨거운 마음으로 공부할 것이며, 거친 음식에도 감사하며 정진하는 법이다. 그러나 편함을 생각하는 순간 그 모든 것은 고통스러울 것이며, 결국 포기하게 된다. 하지만 쏜살같이 흘러가는 세월의 뒷모습을 볼 때쯤 "아뿔싸!" 후회하는 탄식을 뱉고 말 것이니, 모름지기 찰나도 아껴야 한다.

해탈하기 위한 조건

이심중애　　시명사문
離心中愛면　是名沙門이요

불연세속　　시명출가
不戀世俗이면　是名出家니라

행자라망　　구피상피
行者羅網은　狗被象皮요

도인연회　　위입서궁
道人戀懷는　蝟入鼠宮이니라

수유재지　　거읍가자
雖有才智나　居邑家者는

제불　　시인　　생비우심
諸佛이　是人에　生悲憂心하시고

설무도행　　주산실자
設無道行이나　住山室者는

衆聖이 是人에 生歡喜心하나니라

마음心 속中 애착愛 여의면離 이 사람을是 사문이라沙門 하고名, 세속을世俗 그리워하지戀 않으면不 이것을是 출가라고出家 한다名.

수행자가行者 욕망의 그물에網 걸려 있는 것은羅 개가狗 코끼리象 가죽을皮 걸친 격이고被, 도 닦는 사람이道人 분별을懷 놓지 못하고 있는 것은戀 두더지가蝟 쥐구멍에鼠宮 든 격이다入.

비록雖 재주와才 지혜가智 있으나有 마을邑 집에家 사는居 사람은者 모든諸 부처님이佛 이是 사람에게人 슬퍼하고悲 근심하는憂 마음을心 내시며生, 비록設 도 닦는 수행이道行

없더라도無 산의山 거처에室 머무는住 사람은者 뭇衆 성인이聖 이是 사람에게人 기뻐하는歡喜 마음을心 내신다生.

사문(沙門)
산스크리트의 스라마나(sramana)의 음역. 인도에서 가정을 떠나 떠돌면서 수행하는 사람을 가리킴. 우리나라에서는 스님을 가리키는 말로 사용.

라망(羅網)
그물에 걸림. 즉 욕망의 그물에 걸려 있음.

연회(戀懷)
생각을(懷) 잊지 못함(戀). 계속해서 생각하는 것. 분별하는 것.

산실(山室)
산에 있는 거처. 사찰.

송강 해설

　수행이란 마음의 변화이다. 비록 외적으로는 수행자의 모습을 갖추었어도 그 마음에 변화가 일어나지 않는다면 가짜다. 마음공부하는 사람은 모름지기 욕망으로부터 자유로워야 하고, 또한 분별망상으로부터 벗어나야만 한다. 만약 삿된 욕망에 얽매여 있거나 쉼 없이 분별망상을 일삼고 있다면 결코 해탈의 길로 나아갈 수 없다.

　그러나 처음부터 욕망과 분별을 놓기는 어렵다. 그래서 먼저 환경적인 변화를 일으키는 것이다. 우선은 번잡한 곳을 피해 자신의 마음작용을 들여다 볼 수 있어야 한다. 어느 정도 맑은 사람이라도 갖가지 인연에 뒤얽히다 보면 어느덧 탁해지고, 좀 탁한 사람이라도 고요한 곳에 자기를 살피다 보면 어느덧 맑아지게 된다.

　재가불자는 가정을 떠날 수가 없다. 따라서 정기

정확하게 방향을 잡는 지혜가 있어야 목적지에 이른다.

법회 등을 통해 자신을 살피는 일을 계속해야만 한다. 그것이 자신의 참된 살림살이를 넉넉하게 할 수 있는 유일한 길이기 때문이다.

수유재학　　　무계행자
雖有才學이나　無戒行者는

여보소도이불기행
如寶所導而不起行이요

수유근행　　　무지혜자
雖有勤行이나　無智慧者는

욕왕동방이향서행
欲往東方而向西行이니라

유지인　　소행　　증미작반
有智人의　所行은　蒸米作飯이요

무지인　　소행　　증사작반
無智人의　所行은　蒸沙作飯이니라

공지끽식이위기장
共知喫食而慰飢腸호대

부지학법이개치심
不知學法而改癡心이니라

행지구비   여거이륜
行智具備는 **如車二輪**이요

자리이타   여조양익
自利利他는 **如鳥兩翼**이니라

비록雖 재주와才 학문이學 있어도有 계행이戒行 없는無 사람은者 보물 있는 곳으로寶 인도해 주어도所導而 일어나起 가지行 않는 것과不 같고如, 비록雖 부지런히勤 실천함은行 있어도有 지혜가智慧 없는無 사람은者 동쪽으로東方 가고자往 하지만欲 그러나而 서쪽을西 향해向 가는 것 같다行.

지혜智 있는有 사람이人 실천하는 것은所行 쌀을米 쪄서蒸 밥을飯 짓는 것 같고作, 지혜가智 없는無 사람이人 실천하는 것은所行 모

해탈하기 위한 조건

래를沙 쪄서蒸 밥을飯 짓는 것 같다作.

모두가共 밥을食 먹고喫~而 굶주린飢 창자를腸 달랠 줄은慰 알아도知, 불법을法 배워學~而 어리석은癡 마음을心 고칠 줄은改 알지知 못한다不.

실천과行 지혜가智 함께具 갖춰짐은備 수레의車 두二 바퀴와輪 같고如, 스스로도 이롭고自利 남도 이롭게 함은利他 새의鳥 양兩 날개와翼 같다如.

송강 해설

　아무리 많이 배웠어도 자신을 통제할 능력이 부족한 사람은 삿된 길에 빠지기 쉽다. 또한 어리석은 사람이 무언가를 하는 것은 실패하기 십상이다. 그러므로 해탈의 길로 나아가려 한다면 우선 자신을 통제할 수 있어야 하고, 또한 고요히 맑혀 바른 방향을 파악한 후에 정진해야 하는 것이다.

　사람들은 입버릇처럼 자유와 행복을 말하면서도 바른 가르침을 만나 자신의 어리석음을 고칠 생각을 하지 않고, 설령 그런 생각을 내었어도 정진하려고 하질 않는다.

　괴로움을 벗어나 정토로 가는 길에는 실천과 바른 안목이 두 바퀴가 될 것이요, 해탈의 하늘을 훨훨 날아오르는 데에는 자신도 깨닫고 남도 깨닫게 하려는 두 가지 큰 원력이 양 날개가 될 것이다.

　재가불자로서 스스로를 보아 완전히 자유로운

쉬지 않는 노력이 이 목적지에 빨리 이르게 한다.

경지가 아니라면 마음 공부하는 법회를 통해 자신의 원력을 분명히 하여야 하고 또한 정진력을 키워야 한다. 오직 그것만이 해탈로 나아갈 수 있게 하기 때문이다.

05 행복해지는 지름길

득죽축원   불해기의
得粥祝願호대 不解其意하면

역불단월   응수치호
亦不檀越에   應羞恥乎며

득식창패   부달기취
得食唱唄호대 不達其趣하면

역불현성   응참괴호
亦不賢聖에   應慚愧乎아

죽을粥 얻고는得 축원하되祝願 그 축원의 뜻을其意 제대로 알지解 못하면不 또한亦 베풀어 준 이에게檀越 마땅히應 부끄럽지羞恥 않겠으며不~乎, 음식을食 얻고는得 염불을 하되唱唄 그 취지를其趣 깨닫지達 못하면不 또한

亦 부처님과 조사님들께賢聖 응당應 부끄럽고 죄스럽지慚愧 않겠는가不~乎?

단월(檀越)
산스크리트어 다아나빠띠(dānapati)를 음역한 것으로 시주(施主)라 번역. 의식주(衣食住)에 해당되는 것을 보시한 사람.

창패(唱唄)
범패를 창함. 염불을 함. 스님들은 공양을 할 때 의식의 절차에 따라 여러 가지 염불을 함.

송강 해설

　수행자도 의식주의 문제를 해결해야 한다. 그런데 대체로 신도들의 보시에 의해 해결해야만 한다. 물론 법사가 되면 신도들에게 부처님의 가르침을 설하는 법시(法施)를 하고, 또 상담을 통해 두려움을 없애주는 무외시(無畏施)를 한다. 그러나 아직 수행과정에 있는 이는 받는 입장에 놓여 있다. 그러므로 반드시 감사한 마음으로 베풀어 준 이들을 위해 축원을 해야 하며, 또한 부처님처럼 조사님처럼 깨달음을 성취하여 선지식의 역할을 할 원을 굳건히 해야 하는 것이다. 만약 그렇지 못하면 빚만 늘어나고 업만 짓는 것이니 참으로 부끄럽고 죄스러운 일이다.

　사실 우리가 살아간다는 것은 천지자연과 수많은 이들의 노고에 신세를 지고 있는 것이다. 그러므로 하늘의 모든 것이나 지상의 모든 것에 감사하며 살아야 마땅한 것이다. 그런 자세가 되면 불만은 점차 줄어들고 기쁜 일은 점차 늘어나게 되므로 당연히 행복한 사람이 될 수밖에 없는 것이다.

2006년 8월 15일 남걀사원 법당 뒤

인오미충불변정예
人惡尾蟲不辨淨穢인달하야

성증사문불변정예
聖僧沙門不辨淨穢니라

기세간훤　　승공천상
棄世間喧하고 乘空天上은

계위선제　　시고　　파계
戒爲善梯니 是故로 破戒하고

위타복전
爲他福田은

여절익조부귀상공
如折翼鳥負龜翔空이라

자죄　　미탈
自罪를 未脫하면

타죄　　불속
他罪를 不贖이니라

연　　　기무계행
然이어니 豈無戒行하고

수 타 공 급
受他供給이리오

사람이人 구더기의尾蟲 깨끗함과淨 더러움穢 가리지辨 못함을不 싫어하듯이惡, 성인은聖 사문이沙門 깨끗함과淨 더러움穢 가리지辨 못함을不 미워한다憎.

세상의世間 시끄러움을喧 버리고棄 허공을空 타고乘 하늘에 오르는 데는天上 계가戒 좋은善 사다리가梯 된다爲. 이런是 까닭에故 파계하고破戒 다른 사람의他 복 심는 밭이福田 됨은爲 날개翼 부러진折 새가鳥 거북을龜 업고負 하늘을空 나는 것과翔 같다如. 자기의自

허물을罪 벗지脫 못하면未 남의他 허물을罪 면케 할 수 없다不贖. 그러니然 어찌豈 계를 지키는 수행이戒行 없으면서無 다른 사람의他 공양을供給 받겠는가受.

──────────────────────────────

미충(尾蟲)
꼬리 달린 벌레. 구더기.

복전(福田)
복을 심는 밭. 성현은 다른 사람들이 공경하고 공양을 올림으로 해서 그들로 하여금 복을 심어 키우는 밭과 같다는 뜻.

송강 해설

　사람들은 대개 바깥세상의 더러움을 싫어한다. 그러나 자기의 마음속에 있는 더러움이 자신의 깨침을 장애하는 줄은 잘 모른다. 만일 알지만 행하지는 못한다고 말하는 이가 있다면, 그는 아직 모르는 사람이다. 행하면 자유로워지고 행복해지는 것을 확실히 안다면 머뭇거릴 이유가 없기 때문이다.

　자신이 복된 사람이 되길 바란다면 먼저 스스로를 조절할 수 있는 힘부터 길러야 한다. 다른 사람보다 뛰어나게 보이는 사람은 스스로를 잘 제어할 수 있었기 때문에 그 자리에 도달한 것임을 알아야 한다. 스스로가 불행한 사람은 절대 다른 사람을 행복하게 해 줄 수가 없다. 자신도 어쩌지를 못하는 사람이 남을 돕는다는 것이 가능한 일이겠는가? 그러므로 남의 존경을 바라기 전에 스스로 당당할 수 있는 삶을 살아야 한다. 스스로 당당한 사람은 다른 사람이 무언가를 해 주길 바라지도 않는다.

발심수행장 06 깨달음을 기약하라

무행공신　　양무이익
無行空身은　**養無利益**이요

무상부명　　애석불보
無常浮命은　**愛惜不保**니라

망용상덕　　능인장고
望龍象德하야　**能忍長苦**하고

기사자좌　　영배욕락
期獅子座하야　**永背欲樂**이니라

수행하지行 않는無 헛된空 몸은身 길러도養 이익이利益 없고無, 한결같지常 않은無 뜬浮 목숨은命 사랑하고愛 아껴도惜 보존하지保 못하니라不.

고승들의龍象 덕을德 바라거든望 능히能 긴長

수고를苦 참고忍, 깨달음의 자리를獅子座 기약하여期 길이永 욕망과欲 쾌락을樂 버릴지니라背.

・・・

용상(龍象)
부처님이나 깨달음에 이른 훌륭한 스님들.

사자좌(獅子座)
깨달음에 이른 고승의 자리나 부처님의 자리.

때로는 무성하여 영원할 것 같다.

어느 순간 홀연히 메마른 모습만 앙상하다.

깨달음을 기약하라

송강 해설

　깨달음을 위한 불교의 수행법을 장수의 비법이라거나 건강에 도움이 된다거나 하며 설명하는 경우를 자주 만나게 된다. 물론 그 설명이 완전히 잘못된 것은 아니다. 그러나 해탈을 목적으로 하는 수행법을 그렇게만 이해하는 것은 마치 다이아몬드를 예쁜 유리라고 잘못 아는 것과 같다.

　몸은 무상을 깨닫는 좋은 도구이다. 그러므로 무상함의 이치를 터득하여 해탈에 이르도록 애써야 한다. 좀 더 오래 살아보겠다고 수행한다면 애초에 방향이 어긋났다.

　훌륭한 큰스님들은 그저 오래 살았기에 그 자리에 이른 것이 아니다. 남들이 허랑방탕 세월을 보낼 때, 뼈를 깎는 수행을 하였기 때문이다. 그러므로 깨달음을 목표로 하여 세상 사람들이 즐기는 것들을 초월해야만 하는 것이다.

행자심정　　제천　　공찬
行者心淨하면　諸天이　共讚하고

도인　　연색
道人이　戀色하면

선신　　사리
善神이　捨離하나니라

사대홀산　　불보구주
四大忽散이라　不保久住니

금일석의　　파행조재
今日夕矣라　頗行朝哉인저

수행자의行者 마음이心 깨끗하면淨 모든諸 천신들이天 함께共 칭찬하고讚, 도를 닦는 이가 道人 이성을色 그리워하면戀 선신들이善神 버리고捨 떠나리라離.

몸은四大 홀연히忽 흩어지기에散 오래久 유지하여住 보전치保 못하나니不, 오늘도今日 저녁이라夕矣 내일 아침으로朝哉 향하여 가는구나頗行.

....

사대(四大)
네 가지 요소로 이루어진 우리의 몸. 몸은 땅의 기운(地大), 물의 기운(水大), 불의 기운(火大), 바람의 기운(風大)이 만나서 이루어진 것이라는 뜻.

송강 해설

　수행의 근본은 마음이다. 물론 몸과 마음이 따로 놀지는 않는다. 마음은 탁하면서 몸으로는 깨끗한 체 할 수 있으나, 그것은 결코 오래 갈 수 없다. 마음이 순수하면서 행동은 거친 사람이 있다. 하지만 마음의 순수함을 잃지만 않는다면 오래지 않아 그 행동은 정화될 것이다. 눈 밝은 이들은 이런 이치를 잘 알기에, 마음이 맑은 이는 칭찬하지만 계속 마음이 흐린 이에게는 기대를 접어버린다.

　몸은 정말 무상한 것이다. 정해진 목숨 따위는 없다. 그러므로 호흡하고 있는 매 순간을 깨달음의 기회로 삼아 정진해야 하는 것이다.

07 점차 멀어져 간다

세락후고　　　하탐착재
世樂後苦어늘 何貪着哉며

일인장락　　　하불수재
一忍長樂이어늘 何不修哉리오

도인탐　　시행자수치
道人貪은 是行者羞恥요

출가부　　시군자소소
出家富는 是君子所笑니라

차언부진　　　탐착불이
遮言不盡이어늘 貪着不已하며

제이무진　　　부단애착
第二無盡이어늘 不斷愛着하며

차사무한　　　세사불사
此事無限이어늘 世事不捨하며

피모무제　　　절심불기
　　彼謀無際어늘　絶心不起로다

　　금일부진　　　조악일다
　　今日不盡커늘　造惡日多하고

　　명일무진　　　작선일소
　　明日無盡커늘　作善日少하며

　　금년부진　　　무한번뇌
　　今年不盡커늘　無限煩惱하며

　　내년무진　　　부진보리
　　來年無盡커늘　不進菩提로다

세상의世 즐거움은樂 다음의後 고통이거늘苦 어찌何 탐하여貪 집착할着 것이며哉, 한 번一 인욕하면忍 길이長 즐거우리니樂 어찌何 닦지 修 않으리오不~哉.

점차 멀어져 간다

도 닦는 이의道人 탐욕은貪 무릇是 수행하는 사람의行者 부끄러움이요羞恥, 출가한 이의出家 부귀는富 바로是 군자가君子 비웃을 바이다所笑.

하지 말라는遮 말씀이言 계속되지만不盡 탐내어貪 집착함을着 그치지已 않으며不, 두 번째가第二 다함盡 없거늘無 애착을愛着 끊지斷 않으며不, 이 일이此事 끝限 없거늘無 세속의世 일事 버리지捨 못하며不, 저런彼 꾀謀 끝際 없거늘無 끊을絶 마음心 일으키지起 않는구나不.

오늘이今日 다하지盡 않거늘不 나쁜 것惡 지음은造 날로日 많아지고多, 내일이明日 다함盡 없거늘無 좋은 일善 지음은作 날로日 적어지며少, 올해가今年 다하지盡 않거늘不 끝없이無限 마음 괴로워하며煩惱, 내년이來年 다함盡 없건만無 깨달음으로菩提 나아가지進 않는구나不.

카트만두 하누만도카에서 만난 힌두 수행자

송강 해설

　세상 사람들이 감정적으로 즐겁다고 하는 것을 보면 대개 뒤에 마음고통이 따르는 것들이다. 그러므로 인욕을 하고 보면 오래 편안하여 즐거움을 누릴 수 있다. 그러니 자기 마음공부를 하려고 뜻을 세웠다면 부귀영화를 좇는 세속적 가치관에서 벗어나야 한다. 이러한 가르침은 모든 성현들이 다 하셨다. 그럼에도 가르침에 어긋나는 탐욕으로 치닫는다. 다음에는 절대로 하지 않겠다고 다짐하지만 탐욕심이 어디로 가겠는가. 이 일만 하고 말리라 하지만 세속에 대한 집착을 놓지 않는 한 똑같은 일은 되풀이할 수밖에 없다. 그래서 지혜와는 멀어진 채로 잔꾀만 계속 일으키는 것이다.

　결과적으로 어리석은 사람의 삶은 다음과 같다.
　오늘만 나쁜 일 하고 내일부터는 좋은 일 하겠다고 생각한다. 그러나 나날이 나쁜 일은 더 많이 하고 좋은 일은 점차 하지 않게 된다. 그래도 올해까지만 좀 괴롭게 살고 내년부터는 마음공부를 하여 편해지리라고 다짐을 한다. 하지만 해가 바뀌면 또 그저 그렇고 그런 나날을 되풀이하면서 깨달음과는 멀어져 간다.

08 아직은 늦지 않았네

시 시 이 이　　　속 경 일 야
時時移移하야　速經日夜하고

일 일 이 이　　　속 경 월 회
日日移移하야　速經月晦하며

월 월 이 이　　　홀 래 년 지
月月移移하야　忽來年至하고

년 년 이 이　　　잠 도 사 문
年年移移하야　暫到死門하나니

파 거 불 행　　　노 인 불 수
破車不行이요　老人不修라

와 생 해 태　　　좌 기 란 식
臥生懈怠하고　坐起亂識하니

기 생 불 수　　　허 과 일 야
幾生不修하고　虛過日夜하며

기활공신　　　　일생불수
幾活空身하려하야　**一生不修**오

신필유종　　　　후신하호
身必有終하리니　**後身何乎**아

막속급호　　막속급호
莫速急乎아　**莫速急乎**아

때와時 때가時 옮기고移 옮겨移 낮과日 밤이夜 휙速 지나고經, 날과日 날이日 옮기고移 옮겨移 달의月 그믐晦 빨리速 지나며經, 달과月 달이月 옮기고移 옮겨移 문득忽 오는來 해에年 이르고至, 해와年 해가年 옮기고移 옮겨移 별안간暫 죽음의 문에死門 이른다到. 부서진破 수레는車 나아가지行 못하고不, 늙은老 사람은人 닦지修 못한다不.

누워서는臥 게으름懈怠 피우고生 앉아서는坐 어지러운亂 생각識 일으키나니起, 얼마나幾 산다고生 닦지修 않고不 낮과日 밤을夜 헛되이虛 보내며過, 헛된空 몸身 얼마나幾 살린다고活 일생을一生 닦지修 않는가不. 몸은身 반드시必 끝이終 있으리니有, 다음 생의 몸은後身 어찌하려나何乎.

급하고速 급하지急 아니한가莫~乎, 급하고速 급하지急 아니한가莫~乎.

가장 힘든 삶을 살았으면서 가장 자유로운 경지에 이른 분

송강 해설

어릴 때 그렇게도 가지 않던 세월이라는 것이 나이가 들어갈수록 빨리 흘러가 버린다. 그저 세월이 흐르면 어른이 되고 모든 것을 마음대로 할 수 있을 줄 알았던 것이 착각이었다는 것을 알 때쯤에는 인생을 참 많이 허비한 뒤이다.

큰 뜻을 품고 출가한 수행자나 마음 편해 보자고 신행생활을 시작한 불자나 아마 비슷한 오류를 범하는 듯하다. 세월이 흐르면 큰 스님 되어 있을 것이라는 착각을 하고, 절에 오간 세월이 많아지면 존경받는 위치에 이르고 자신도 편안해 질 것이라는 착각을 하는 것이다. 그러나 어떤가. 정말 그러한가? 평소에는 그런 줄 착각하며 산다. 그런데 착각이 클수록 불만도 커진다. 다른 사람들이 별로 알아주지 않는 것이다.

불교의 수행은 스스로가 편해지는 힘을 얻는 것이다. 남이 알아준다거나 존경을 받는다거나 하는 것과는 거리가 멀다. 혹시 그런 일이 있다면 그건 다른 사람들을 감동시킨 것에 대한 부차적인 반응일 뿐이다. 스스로가 편안하지 못한 사람은 절대로 남을 감동시킬 수 없다. 간혹 일시적으로는 가능하다 해도 장기적으로는 불가능하다. 결국 자신의 불편함이 남을 불편하게 만들어 버리기 때문이다.

밖에서 구할 수 있는 모든 것은 그저 일시적인 것일 뿐이다. 언젠가는 떠나가는 것일 뿐이다. 그러니 평소 자신이 어떤 경우에 처할지라도 편안할 수 있는 경지에 이르러야만 한다. 그것은 자신의 진짜 모습을 깨달을 때에만 가능해진다. 이것은 밖에서 얻어지는 것이 아니니, 그래서 열심히 자신을 보고 자신을 깨달아야만 한다.

늦기 전에 노력하라. 힘이 있을 때 자신을 살펴야 한다. 외로운 산봉우리에 혼자 있어도 결코 외롭지 않을 힘을 갖춰야 한다. 어떤 경우에 처하더라도 자유로운 영혼이어야 한다.

자경문
自警文

자경문 01 언제까지 범부로 살려는가

지은이 야운(野雲) 스님

 야운(野雲) 스님의 정확한 사료(史料)는 전하지 않는다. 다만 여러 가지 추측으로 고려시대의 스님이며, 고려의 왕사를 지내신 나옹 혜근(懶翁慧勤, 1320~1376)선사의 제자인 야운 각우(野雲覺牛)스님으로 보고 있다. 금강경오가해(金剛經五家解)의 대가였던 함허 득통(涵虛得通, 1376~1433)선사가 보낸 시(詩)가 전하므로 서로 친교가 있었을 것이라고 짐작할 따름이다.

주인공 청아언
主人公아 聽我言하라

기인   득도공문리
幾人이 得道空門裏어늘

여하장륜고취중
汝何長輪苦趣中고

여자무시이래　지우금생
汝自無始以來로　至于今生히

배각합진　타락우치
背覺合塵하여　墮落愚癡하고

항조중악　이입삼도지고륜
恒造衆惡하여　而入三途之苦輪하며

불수제선　이침사생지업해
不修諸善하야　而沈四生之業海로다

주인공아主人公 내我 말을言 들어라聽. 많은 사람들이幾人 불법의 가르침空門 안에서裏 도를 깨달았는데得道, 그대는汝 어찌하여何 괴로운 세계苦趣 속에서中 오래長 윤회하는가輪? 그대는汝 아주 먼 과거로부터自無始以來 지금의 생에 이르도록至于今生 깨달음을覺 등지고背 번뇌와塵 짝하여合 어리석음에愚癡 떨어지고墮落, 항상恒 갖가지衆 악을惡 지어造~而 삼악도의三途之 괴로운苦 윤회에輪 들며入, 모든諸 좋은 것은善 닦지修 않고不~而 사생의四生之 업 바다에業海 잠기는구나沈.

주인공(主人公)
주로 선가(禪家)에서 사용하는 말로, 사람마다 본래 갖추고 있는 본성(本性)을 가리킴.

기인(幾人)
몇 사람이라는 뜻도 되지만, 문맥상 '많은 사람'으로 번역함이 적합함.

득도(得道)
도를 얻었음. 즉 도를 깨달음.

공문(空門)
불문(佛門)이라는 말과 같은 뜻. 불교에서 본성자리나 본질적 이치를 공(空)이라고 하였기에 공문(空門)은 곧 불교의 가르침이라는 뜻.

고취(苦趣)
괴로움의 세상 즉 중생의 세계.

배각합진(背覺合塵)
사람마다 본래의 깨달음인 본각(本覺)이 있는데, 이를 등지고 갖가지 번뇌와 어울려 사는 것.

삼도(三途)
세 가지 나쁜 세계인 삼악도(三惡途)인 지옥, 아귀, 축생의 세계.

사생(四生)
중생을 몸 받는 방법에 따라 나눈 것. 태에서 나오는 부류(胎生), 알에서 나오는 부류(卵生), 습기에서 생기는 부류(濕生), 변화하여 생기는 부류(化生).

업해(業海)
업의 바다. 중생으로서의 고난의 삶.

송강 해설

'주인공아!' 하는 한마디는 안팎을 비추는 말이다. 스스로에게도 해당되고, 뒤를 따르는 후학을 향한 말이기도 하다. 이는 불교의 본질에 접근하는 방법이기도 하다. 가장 근원적인 자신의 본성을 아직도 보지 못하였다면 참으로 부끄러운 일이 아니겠는가.

부처님께서 성불하신 이후로 그 비법을 밝혀 주셨고, 뒤를 따르는 수많은 제자들이 해탈의 경지에 이르렀던 것이다. 그럼에도 불구하고 또한 그에 못지않은 더 많은 제자들이 엉뚱한 길로 빠져 버렸다. 그래서 역대로 수많은 경책의 글이 있었던 것이다.

출가한 제자건 재가의 제자건 발심을 하였다면 더 이상 번뇌 망상의 파도놀이에 재미를 붙여 세월을 허송해서야 되겠는가. 어리석은 범부의 입장에서는 나쁜 일들이 더 재미있게 느껴진다. 그래서 더 재미있는 일을 계속하게 된다. 그러나 마약이나 도박에 빠진 사람들을 통해 우리가 알 수 있듯이, 재미있는 것은 점차 강해져야 계속 재미를 느낄 수 있게 되므로 중독자가 될 수밖에 없다. 그래서 더 힘든 중생의 나락으로 떨어지고 만다. 바로 그때에라도 '주인공아!' 하는 소리를 들을 수만 있다면 그는 불연(佛緣)이 있는 사람이다.

자기의 참된 모습을 보아야만 한다.

자경문 02 위대한 장부

신수육적고 혹타악취
身隨六賊故로 **或墮惡趣**하면

즉극신극고 심배일승고
則極辛極苦하고 **心背一乘故**로

혹생인도 즉불전불후
或生人道하면 **則佛前佛後**로다

금역행득인신
今亦幸得人身이나

정시불후말세 오호통재
正是佛後末世니 **嗚呼痛哉**라

시수과여 수연
是誰過歟아 **雖然**이나

여능반성 할애출가
汝能反省하야 **割愛出家**하야

수지응기　　착대법복
受持應器하고　**着大法服**하야

이출진지경로
履出塵之逕路하고

학무루지묘법　　여룡득수
學無漏之妙法하면　**如龍得水**요

사호고산
似虎靠山이라

기수묘지리　　불가승언
其殊妙之理는　**不可勝言**이니라

몸은身 여섯 도적을六賊 따랐기隨 때문에故 혹或 나쁜 세계에惡趣 떨어지면墮 곧則 매우極 괴롭고辛 매우極 고생스러우며苦, 마음은心 성불하는 가르침을一乘 등졌기背 때문에故

위대한 장부　199

혹或 인간으로人道 태어나도生 곧則 부처님께서 태어나시기 전이나佛前 부처님께서 열반에 드신 후이다佛後.

지금도今 또한亦 다행히幸 사람 몸을人身 얻었으나得 바로正 이때가是 부처님 열반하신 뒤의佛後 말법세상이니末世, 아아嗚呼 슬프고 원통하다痛哉. 이것이是 누구의誰 허물인가過歟?

비록 그렇더라도雖然 그대가汝 능히能 반성하여反省 애착을愛 끊고割 출가하여出家, 발우를應器 받아受 지니고持 대가사를大法服 착용하여着 티끌세상을 벗어나는出塵之 지름길을逕路 밟고履 번뇌가 없는無漏之 묘한妙 가르침을法 배운다면學, 용이龍 물을水 얻는 것과得 같고如 호랑이가虎 산을山 의지한 것과靠 같으니似, 그其 뛰어나고 미묘한殊妙之 이치는理 훌륭한 말이라도 다 표현하지 못한다不可勝言.

육적(六賊)
여섯 기관인 눈·귀·코·혀·살갗(身)·마음(意)이 대상으로 삼는 여섯 가지 경계인 색(色)·성(聲)·향(香)·미(味)·촉(觸)·법(法)을 가리킴. 본심을 빼앗아 간다는 뜻으로 도적이라 하였음.

악취(惡趣)
나쁜 세계인 지옥, 아귀, 축생.

일승(一乘)
오직 성불을 목적으로 하는 가르침.

인도(人道)
인간 세상. 인간으로 태어남.

말세(末世)
부처님께서 세상에 계시는 시기로부터 멀어진 때로 부처님의 가르침을 잘 따르지 않는 말법세상. 사람들의 마음이 아주 거칠어져 있는 시기.

응기(應器)

흔히 응량기(應量器)라고 하며, 스님들의 식기인 발우를 말함.

법복(法服)

스님들이 비구계, 비구니계를 받은 후 수하는 가사.

무루(無漏)

더 이상의 번뇌가 남아 있지 않는 것.

깨달음의 자리는 이처럼 오묘하고 설명하기 어렵다.

송강 해설

몸으로 온갖 감각적인 것을 취하려고만 하기에 결국 험난한 지경에 빠져 고통스럽게 되는 것이며, 마음으로는 해탈하는 것에 관심이 없으므로 늘 부처님의 가르침과는 어긋나고 만다. 가령 매일 절 앞을 지나면서 자주 선지식을 만나더라도 언제나 싫어하는 분별을 일으켜 비방만 한다면 스스로 깨달음으로부터 멀어지게 마련이다. 그런 사람은 언제나 시기질투하고 싸움을 일삼는 무리와 함께 있게 되는데, 어찌 자신인들 평화롭고 행복할 수 있겠는가.

가령 그런 무리와 함께 지냈더라도 어느 날 문득 자신을 돌아보고 잘못하고 있음을 알아차린다면 얼마나 다행스럽겠는가. 만약 출가하게 되어 부처님의 길을 따라 위없는 깨달음을 이룬다면 세상에서 가장 위대한 장부가 될 수 있을 것이다. 한편 재가불자의 길을 가더라도 큰 발심을 하여 용맹정진을 하고 자신의 맑고 밝은 별을 보게 된다면, 능히 스스로 일체 얽매임에서 벗어날 뿐만 아니라 주위의 인연 닿는 이들도 괴로움의 사슬을 끊어줄 수 있을 것이니, 참으로 멋진 출격장부가 아니겠는가. 이 경지는 그 어떤 말로도 전해줄 수 없는 자리이니, 스스로 큰마음 내어보길 바랄 뿐이다.

자경문 03 스스로 하기에 달렸다

인유고금   법무하이
人有古今이언정 法無遐邇며

인유우지   도무성쇠
人有愚智언정 道無盛衰니라

수재불시   불순불교즉하익
雖在佛時나 不順佛敎則何益이며

종치말세   봉행불교즉하상
縱値末世나 奉行佛敎則何傷이리요

사람에게는人 옛날과古 지금이今 있을지언정有 부처님께서 가르치신 진리에는法 멀고遐 가까움이邇 없으며無, 사람에게는人 어리석음과愚 지혜로움이智 있을지언정有 도에는道 융성과盛 쇠망이衰 없다無.

비록雖 부처님佛 시대에時 살았어도在 부처님의 가르침을佛敎 따르지順 않았다고不 하면則 무슨何 이익이겠으며益, 부처님과 먼 말법 세상을末世 만났다고値 할지라도縱 부처님의 가르침을佛敎 받들어奉 실천한다고行 하면則 어찌何 근심하겠는가傷.

법(法)
매우 다양하게 사용되는 단어로 여기에서는 불법(不法) 즉 부처님께서 가르치신 진리라는 뜻임.

하이(遐邇)
멀고 가까움. 원근(遠近)과 같은 뜻.

부탄의 한 가정에 모셔진 옛 고승의 상-그 미소가 참으로 아름답다

송강 해설

　사람의 육체적 생명에는 한계가 있다. 태어난 사람은 죽는다. 그래서 옛 사람이 있고 지금의 사람이 있다. 죽음에 대해 아는 바가 없는 사람들은 모두가 죽음을 두려워한다. 부처님께서는 왜 두려움이 생기는지를 밝혀 주셨고, 그 두려움으로부터 자유로워지는 길을 열어 보여 주셨다. 그것은 이천오백년 전이나 지금이나 한결같은 진리이다.

　사람들은 쌓은 것이 제각기 달라서 현재의 모습만을 보면 어떤 이는 어리석게 살고 어떤 이는 지혜롭게 산다. 하지만 모든 사람에게는 동등한 기회가 주어져 있고, 누구라도 해탈할 수 있으며 행복할 수 있다. 어떤 이들은 부처님 당시에 태어나지 못함을 한탄하고, 이천오백여 년 뒤에 태어난 것을 안타까워한다. 그러나 부처님 당시에도 수많은 사람들이 부처님을 비방하며 그 가르침을 따르지 않았기에 해탈하지 못했으며, 비록 후대에 태어났으나 부처님의 가르침대로 열심히 수행하여 해탈한 이들도 무수히 많다.

불자들 중에는 출가하지 못했기에 깨달을 수 없다고 지레 포기한 이들이 많다. 그럼 출가하면 저절로 깨달아지겠는가. 모든 것은 그저 자기 합리화를 위한 핑계일 뿐이다. 용기 있는 이는 환경에 상관없이 원을 세워 정진하여 성취하고, 용기 없는 자는 9할을 갖추었어도 부족한 1할을 탓하며 변명만 일삼는 것이다.

트럭에서 내다보며 미소를 선사한 아이들-뒤의 어른과 묘한 대조를 이룬다-부탄

04 도 닦는데 말세는 상관없다

고　　세존　　운
故로 世尊이 云하사대

아여양의　　　지병설약
我如良醫하야 知病設藥하노니

복여불복　　비의구야
服與不服은 非醫咎也며

우여선도　　　도인선도
又如善導하야 導人善道하노니

문이불행　　비도과야
聞而不行은 非導過也니라

자리이인법　　개구족
自利利人法이 皆具足하니

약아구주　　갱무이익
若我久住라도 更無利益이니라

자금이후　　아제제자
自今以後로 我諸弟子가

전전행지즉　　여래법신
展轉行之則은 如來法身이

상주이불멸야
常住而不滅也라하시니라

약지여시리즉
若知如是理則은

단한자불수도
但恨自不修道언정

하환호말세야
何患乎末世也리오

그러므로故 세존께서世尊 이르셨다云.
"나는我 훌륭한良 의사와醫 같아서如 병을病
알고知 약을藥 베푸노니設 먹는 것과服 더불

어與 먹지 않는 것은不服 의사의醫 허물이咎 아니며非~也, 또又 좋은善 안내자와導 같아서如 사람을人 좋은善 길로道 인도하나니導 듣고도聞而 가지行 않는 것은不 안내자의導 잘못이過 아니니라非~也. 자신도自 이롭고利 남도人 이로운利 법이法 다皆 갖춰졌으니具足, 만약若 내가我 (세상에) 오래久 머물지라도住 다시更 이익이利益 없느니라無. 지금으로부터自今 이후로는以後 나의我 모든諸 제자들이弟子 되풀이하여展轉 행한다면行之則 여래의如來 법신이法身 항상 머물러서常住而 멸하지 않을 것이다不滅也."

만약若 이와 같은如是 이치를理 안다면知~則 다만但 자신이自 도 닦지修道 않음을不 한탄할지언정恨, 어찌何 말세를乎末世 염려하겠는가患~也.

세존(世尊)
여래의 열 가지 별칭 중 하나. 세상에서 존귀한 분. 범어(梵語) Bhagavat의 역어.

여래(如來)
부처님 명호의 총칭. 진여로부터 오신 분. 범어 Tathāgata의 역어

법신(法身)
부처님 세 몸 가운데 근본이 되는 '이치의 몸' '진리의 몸'.

호(乎)
여기서는 ' ~에게, ~을'의 뜻으로 사용되었음. 어(於)와 같은 뜻.

오체투지로 순례의 길을 가는 사람

송강 해설

　부처님께서는 뛰어난 의사와 같아서 사람마다 그 병에 따라 가장 알맞은 약을 처방하여 건강한 사람이 될 수 있도록 하셨고, 최고의 안내자와 같아서 각자에게 가장 알맞은 길을 가르쳐서 깨달음이라는 목적지에 잘 이르도록 하셨다. 그러나 최고의 약을 주어도 먹지 않고 계속 병으로 고통 받는 사람이 많고, 최선의 길을 가르쳐 주어도 게으름을 피우며 목적지에 가지 않고 길을 잃어 헤매는 사람이 많다. 이런 사람에게는 일천 부처님이 나타나 지도해 주어도 소용이 없다. 이는 마치 천 사람이 굶주린 자를 위해 밥을 먹고 그를 위해 기도해도, 굶주린 자의 배는 여전히 고플 뿐만 아니라 결국 죽음에 이르게 되는 것과 같은 이치이다.
　스스로 길을 가면 도인이요, 그냥 멈춰 게으르면 중생이다. 이것은 정법시대나 말법시대나 한결같다.

자경문 05 자신을 낮게 평가하지 말라

복망   여수흥결렬지지
伏望하노니 汝須興決烈之志하며

개특달지회   진사제연
開特達之懷하야 盡捨諸緣하며

제거전도   진실위생사대사
除去顚倒하고 眞實爲生死大事하야

어조사공안상   의선참구
於祖師公案上에 宜善參究하야

이대오   위칙
以大悟로 爲則하고

절막자경이퇴굴
切莫自輕而退屈이어다

간절히 바라노니伏望, 그대는汝 반드시須 결

단의 굳센 뜻을決烈之志 일으키며興 특별히 뛰어난 생각을特達之懷 열어開, 모든諸 인연을緣 다盡 버리며捨 거꾸로 된 마음을顚倒 없애고除去, 진실로眞實 나고 죽는 큰일을生死大事 위하여爲 조사의祖師 공안 위에서於~公案上 마땅히宜 잘善 참구하여參究 큰 깨침으로서以大悟 준칙을則 삼고爲, 스스로 가벼이 여겨서自輕而 물러나退 굽히는 것은屈 절대로切 말라莫.

···

복망(伏望)
'엎드려 바라다'는 뜻으로 대개 웃어른께 쓰지만, 여기서는 그만큼 간절한 심정으로 바란다는 뜻임.
특달(特達)
특별히 재주가 뛰어남.
전도(顚倒)
엎어져서 넘어짐. 위와 아래가 바뀌어 거꾸로 됨.
공안(公案)
참선 수행할 때 참구하는 화두.

송강 해설

　세상에는 참으로 하고 싶은 일이 많다. 평생을 해도 다 못할 일들이 눈앞에 있지 않는가. 그러니 깨달음에 마음을 내기가 쉽지 않다. 걸인이 매양 핍박을 받으면서도 거지노릇을 버리지 못하는 것처럼, 사람들은 매양 힘들어하면서도 그 속의 작은 재미를 놓질 못한다.

　출가를 하는 것은 참으로 큰 결단을 필요로 한다. 비록 그것이 마음의 출가라 해도 '집착 놓는 일'이 그리 만만한가. 그러니 차일피일 핑계를 찾고 있는 것이다. 작은 재미는 바로 눈앞에 있는데, 수행하여 마음 편해지는 것은 눈에 보이질 않는 것이다. 마음이 편해지는 것은 오직 자신이 느끼는 것일 뿐이다.

　죽음을 비롯한 온갖 두려움으로부터 해탈하는 것은, 그 두려움으로부터 도망친다고 되는 일은 아니다. 오직 옛 선지식들이 그러했듯이 스스로 참구하여 깨달아야 한다.

대부분의 사람들이 자신은 깨닫는 것이 불가능하다고 스스로를 낮게 평가한다. 그러면서도 늘 남들이 자존심을 상하게 한다고 말한다. 자신의 참된 가치를 알아야 한다. 부처님과 조사님들에 견주어 조금도 다를 것이 없다는 것을 깊이 새겨서, 큰마음을 내어 깨달음에 도전하라.

법흥사 적멸보궁

자경문 06 스스로 닦지 않고 남을 괴롭히네

惟斯末運_에 去聖時遙_{하야}
유사말운   거성시요

魔强法弱_{하고} 人多邪侈_{하야}
마강법약   인다사치

成人者少_{하고} 敗人者多_{하며}
성인자소   패인자다

智慧者寡_{하고} 愚癡者衆_{하야}
지혜자과   우치자중

自不修道_{하고} 亦惱他人_{하나니}
자불수도   역뇌타인

凡有障道之緣_은 言之不盡_{이로다}
범유장도지연   언지부진

恐汝錯路故_로 我以管見_{으로}
공여착로고   아이관견

찬성십문　　　영여경책
撰成十門하야　令汝警策하노니

여수신지　　　무일가위
汝須信持하야　無一可違를

지도지도
至禱至禱하노라

지금의斯 말법시대의 운세를末運 생각하니惟 부처님께서聖 열반에 드신去 때가時 아득하여遙 수행을 장애하는 요인은魔 강해지고强 정법을 만날 가능성은法 약해졌으며弱, 사람들은人 삿되고邪 오만함이侈 많아져서多 사람답게 된 이는成人者 적고少 사람답지 못한 이는 敗人者 많으며多, 지혜로운 이는智慧者 적고 寡 어리석은 자는愚癡者 많아서衆 스스로는自

스스로 닦지 않고 남을 괴롭히네　219

도를道 닦지修 않고不 또한亦 다른 사람을他人 괴롭히니惱, 무릇凡 도를 방해하는 조건은有障道之緣 말로 하자면言之 끝이 없다不盡. 그대가汝 길을路 그르칠까錯 염려하는恐 까닭에故 내가我 좁은 견해로써以管見 열 가지 문을十門 마련하여撰成 그대를汝 경책케警策 하노니令, 그대가汝 반드시須 믿고信 지녀서持 한 가지도一 가히可 어김違 없기를無 간절히至 바라고禱 간절히至 바라노라禱.

··

말운(末運)
말법시대의 운세. 즉 석가모니부처님으로부터 아주 먼 시대에 사는 운세.

마강법약(魔强法弱)
수행을 방해하는 요인은 많고 정법을 만날 기회는 적음.

관견(管見)
① 대통으로 보는 좁은 소견.
② 자기의 견해를 겸손하게 표현한 것.

경책(警策)
좌선할 때 쓸데없는 생각에 빠져 있거나 졸고 있는 사람을 죽비로 주의를 주는 것. 잘못을 바로 잡게 하는 것.

쿠시나가라 열반산 아래 울부짖는 제자의 모습

스스로 닦지 않고 남을 괴롭히네

송강 해설

부처님께서 세상에 계실 때와 야운스님이 사셨던 고려시대와 우리가 살고 있는 지금을 수행의 여건으로 비교할 때 어떤 차이가 있을까?

물론 환경적인 차이가 많이 있을 것이다. 그러나 그 환경적 차이는 결정적인 것이 될 수 없다. 가장 중요한 것은 마음자세이다.

부처님의 시대는 깨달음을 이루고자 하는 마음이 너무나 간절하여 그 무엇으로도 수행의 길을 막을 수 없었다. 그러나 세월이 흐를수록 그 간절함은 점차 약해지고 그에 비례하여 점차 곁눈질하는 시간이 늘어나기 시작했다. 그러니 망상이 그만큼 많아질 수밖에 없는 것이다.

어지간히 마음공부하던 사람도 명예나 부귀 앞에서는 무너지는 것을 볼 수 있는데, 이것은 환경적인 문제가 아니라 오직 내면의 문제임을 깨달아야 한다.

야운스님은 자신의 경험을 토대로 후배들을 위해 수행의 지름길을 마련해 주셨다. 구구절절 스님의 자비심이 충만함을 느낄 수 있지 않은가. 만일 그에 부응하기만 한다면 참으로 귀한 체험을 하게 될 것이다.

자경문 07 스스로 나락에 떨어질 뿐이다

<small>송 왈</small>
頌曰

<small>우 심 불 학 증 교 만</small>
愚心不學增憍慢이요

<small>치 의 무 수 장 아 인</small>
癡意無修長我人이로다

<small>공 복 고 심 여 아 호</small>
空腹高心如餓虎요

<small>무 지 방 일 사 전 원</small>
無知放逸似顚猿이로다

<small>사 언 마 어 긍 수 청</small>
邪言魔語肯受聽하고

<small>성 교 현 장 고 불 문</small>
聖敎賢章故不聞이로다

선도무인수여도
善道無因誰汝度리요

장륜악취고전신
長淪惡趣苦纏身이니라

게송으로頌 이른다曰.

어리석은愚 마음으로心 배우지學 않으니不 교만을憍慢 더하고增,

어리석은癡 뜻으로意 닦지修 않으니無 아상과我 인상을人 키우네長.

참마음腹 없이空 뽐내는高 마음은心 주린餓 호랑이와虎 같고如,

아는 것知 없이無 함부로 함은放逸 미친顚 원숭이와猿 같도다似.

삿된邪 말과言 해코지하는 말은魔語 즐겨肯

받아受 듣고聽,

성인의聖 가르침과敎 어진 이들賢 글은章 일부러故 듣지聞 않는구나不.

착한善 길에道 인연이因 없으니無 누가誰 그대汝 제도하랴度.

오래長 나쁜 세상에惡趣 빠져서淪 고통으로苦 몸을身 얽매는구나纏.

교만(憍慢)
인간의 심리를 다루는 유식(唯識)에서는 번뇌의 종류 중에 교(憍)와 만(慢)을 따로 두었음. '교(憍, mada-방자함)'는 자신의 성공한 일에 도취하여 탐착하는 마음이 깊어져서 오만해지는 심리로, 탐욕적 심리의 일부분임. '만(慢, māna-거만)'은 자신을 높이고 남을 얕보며 덕(德)이나 덕이 있는 이에게까지 겸손하지 않는 것으로, 이 때문에 생사에 윤회함이 끝이 없어 모든 괴로움을 받게 됨.

장아인(長我人)
자기중심적인 '나라는 관념(我相)'과 다른 생명체에 대해 상대적인 우월감인 '인간이라는 관념(人相)'만 키움.

공복(空腹)
① 굶주린 배.
② 속마음(腹) 즉 참마음이 없음(空).

방일(放逸)
번뇌 중의 하나로 범어 쁘라마아다(pramāda-방탕)를 번역한 것. 선행을 하고 악행을 방지할 것을 마음에 두지 않고 방탕하고 함부로 행동하려는 심리작용. 이것은 게으름·성냄·어리석음의 심리에 속함.

사언마어(邪言魔語)
결과가 나쁘게 되는 삿된 말(邪言)과 목표를 달성하지 못하게 하는 해코지하는 말(魔語).

악취(惡趣)
악업(惡業)을 지어서 죽은 뒤에 나는 고통(苦痛)의 세계(世界). 지옥(地獄), 아귀(餓鬼), 축생(畜生), 아수라(阿修羅)의 네 가지가 있음.

송강 해설

　세월이 흐를수록 출가 재가를 막론하고 배우는 열정 옅어지고 수행에 목숨 거는 의지는 약해지는 것 같다. 그런데 묘하게도 그것에 반비례해서 교만은 커지기만 하고 제 잘났다는 생각은 굳어지기만 한다. 마음 공부한 것 없어서 망상만 하늘을 찌르니 눈에 보이는 대로 다 차지하려 하고, 세상의 이치를 모르고 갈팡질팡하는 모습이 마치 우리에 갇혀 잘난 체 재주 부리는 원숭이와 비슷하다.

　지혜가 없는 이런 사람은 꼭 망할 수밖에 없는 사람들과 어울린다. 어쩌다가 선지식을 만나도 간절한 충고를 짐짓 비웃으며 반대로만 간다. 그리곤 얼마 지나지 않아서 세상을 욕하고 사람을 미워하며 자신의 처지를 비관한다.

　자신의 모습을 거울에 비춰 본 적 있는가? 얼마나 헛된 것들로 자신이 포장되어 있는지를 살펴보았는가? 성심을 다해 포장지를 벗기고 자신의 허상을 버려 보라. 그럴 수만 있다면 지금 자신을 둘러싸고 있는 그 많은 고통도 눈 녹듯 사라지리라.

불교도에겐 깨달음의 상징같은 영취산 오르는 길이지만, 어떤 사람에겐 구걸하는 길일 뿐이다.

자경문 08 편한 생활을 바라지 말라

其一은 軟衣美食을 切莫受用이어다
기일   연의미식   절막수용

自從耕種으로 至于口身히
자종경종   지우구신

非徒人牛의 功力多重이라
비도인우   공력다중

亦乃傍生의 損害無窮이어늘
역내방생   손해무궁

勞彼功而利我라도 尙不然也온
노피공이이아   상불연야

況殺他命而活己를 奚可忍乎리오
황살타명이활기   해가인호

農夫도 每有飢寒之苦하고
농부   매유기한지고

직녀　　연무차신지의
織女도　連無遮身之衣하나니

황아장유수
況我長遊手어니

기한　　하염심
飢寒을　何厭心이리오

연의미식　　당은중이손도
軟衣美食은　當恩重而損道요

파납소식　　필시경이적음
破衲蔬食은　必施輕而積陰이라

금생　　미명심
今生에　未明心하면

적수　　야난소
滴水도　也難消니라

송왈
頌曰

채근목과위기장
菜根木果慰飢腸하고

송락초의차색신
松落草衣遮色身하며

야학청운위반려
野鶴靑雲爲伴侶하고

고잠유곡도잔년
高岑幽谷度殘年이어다

첫째는其一 부드러운 옷과軟衣 맛있는 음식을 美食 절대로切 받아 쓰지受用 말 것莫.
논밭을 갈고 씨를 뿌려 가꾸는 것耕種으로부터自從 밥 먹고 옷 입는 것에口身 이르기까지 至于 사람과人 소의牛 애쓰는 힘이功力 많고 多 무거울重 뿐만徒 아니라非, 또한亦乃 벌레와 물고기와 날짐승의傍生 손해가損害 끝이 없다無窮. 저들의彼 공을功 수고롭게 하여勞 그래서而 나를我 이롭게 하는 것도利 오히려尙 옳지 않은데不然也, 하물며況 다른他 목숨을命 죽여殺 그래서而 자기를己 살리는 것을活 어찌奚 차마 할 수 있겠는가可忍乎.
농부도農夫 매양每 배고프고 추운 고통이飢寒之苦 있으며有, 베 짜는 여인도織女 늘連 몸 가릴 옷이遮身之衣 없다無. 하물며況 나는我 오래長 손을手 놀렸으니遊, 배고프고 추운 것을飢寒 어찌何 싫어하는厭 마음이랴心? 부드러운 옷과軟衣 맛있는 음식은美食 당연히當 은혜가恩 무거워重 그래서而 도를道 줄이고損, 기운 누더기와破衲 변변치 못한 음식은蔬食 반드시必 베푸는 이의施 은혜가 가벼워輕 그래서而 드러나지 않는 공덕을陰 쌓게 된다

편한 생활을 바라지 말라 233

積. 이번 생에今生 마음을心 밝히지明 못하면未 한 방울 물의 은혜도滴水 또한也 삭여 없애기消 어렵다難.

게송으로頌 이른다曰.

나물菜 뿌리와根 나무木 열매로果 주린飢 창자를腸 달래고慰,

소나무 겨우살이와松落 풀 옷으로草衣 몸뚱이를色身 가리며遮,

들녘의 학과野鶴 푸른靑 구름을雲 벗으로伴侶 삼아서爲,

높은高 봉우리와岑 깊은幽 골에서谷 여생을殘年 보낼지라度.

경종(耕種)
논밭을 갈고 씨를 뿌려 가꾸는 일.

구신(口身)

입과 몸이라는 말이지만, 내용의 흐름으로는 '음식을 먹고 옷을 입는 것'을 뜻함.

공력(功力)
애쓰는 힘.

방생(傍生)
벌레와 물고기와 날짐승.

소식.소사(蔬食)
채소(菜蔬) 반찬(飯饌) 뿐인 밥. 변변치 못한 음식(飮食). '소식' '소사' 두 가지 발음 모두 가능함.

시경(施輕)
베풀어 주는 사람(施主)의 은혜가 가벼움.

적음(積陰)
음덕(陰德)을 쌓음. 드러나지 않는 공덕을 쌓음.

송락(松落)
소나무에 붙어사는 겨우살이 풀.

야학(野鶴)
겨울 철새의 하나로 몸빛은 흰데, 날개 끝이 검고, 머리 위에 살이 붉게 드러났으며 풀밭에 주(主)로 머문다.

송강 해설

　수행과정에서 스스로를 경책하여 바로 세우는 덕목의 첫째는 남의 신세를 최소화하라는 것이다. 이는 타인의 은혜뿐만 아니라 천지만물의 은혜까지를 생각하라는 것이다. 은혜를 입으면 반드시 되돌려 갚아야 하는데, 도(道)를 이루기 전에는 그럴 힘이 부족하다. 그렇기 때문에 더 많은 것을 되돌려 줄 수 있는 경지에 이르기 전까지는 가능한 신세를 지지 않는 것이 좋다. 이것은 돈을 벌지 않는 경우 돈 쓰는 것을 하지 않는 것이 빚을 늘리지 않는 최상의 방법이 되는 것과 같은 이치이다.

　우리가 세상을 살아간다는 것은 곧 천지만물의 신세로 가능해진다. 육식을 위주로 하는 경우만 그런 것이 아니라 채식을 하는 경우도 마찬가지이며, 아주 검소하게 사는 사람이라고 해도 하늘과 땅과 해와 공기와 바람을 비롯한 일체 존재의 신세를 지면서 살고 있다.

부처님 오신 날 회향-감사 다회

부처님 오신 날 감사 다회-빚을 갚는 일이 결코 만만치 않다.

이 말의 숨은 뜻은 은거하면서 신세를 줄이라는 것이 아니다. 편한 생활에 맛 들여 수행을 게을리 하지 말고, 우선 신세를 줄이면서 번거롭지 않은 한적한 곳에서 수행에만 전념하라는 것이다.
　요즘 우리나라의 살림살이가 예전과는 비교할 수 없을 만큼 좋아졌다. 그러나 사람들의 빚은 늘어나고 불안감 또한 커져만 간다. 그 모든 것이 능력을 키우기 전에 먼저 화려하고 편안한 생활만을 하려는 경향이 있기 때문이다. 특히 젊은 세대가 심한 편인데, 이런 태도를 고치지 않으면 결국 빚쟁이가 되어 모든 것을 잃게 될 것이다. 스스로는 고칠 생각을 하지 않고 국가가 책임지라고 하면 과연 가능하겠는가?
　우선 마음의 공허함을 극복해야만 화려함에 빠지지 않고 현재의 삶에 만족할 수 있게 될 것이다. 가장 근본적인 문제는 마음을 살피지 않고 외적인 것에 끌려 다니는 자신에게 있다.

09 인색하지도 탐내지도 말라

<ruby>其<rt>기</rt></ruby><ruby>二<rt>이</rt></ruby>는 <ruby>自<rt>자</rt></ruby><ruby>財<rt>재</rt></ruby><ruby>不<rt>불</rt></ruby><ruby>悋<rt>린</rt></ruby>하고 <ruby>他<rt>타</rt></ruby><ruby>物<rt>물</rt></ruby><ruby>莫<rt>막</rt></ruby><ruby>求<rt>구</rt></ruby>어다

三途苦上에는 貪業이 在初요
(삼도고상)   (탐업) (재초)

六度門中에 行檀이 居首니라
(육도문중) (행단) (거수)

慳貪은 能防善道요
(간탐) (능방선도)

慈施는 必禦惡徑이니라
(자시) (필어악경)

如有貧人이 來求乞이어든
(여유빈인) (내구걸)

雖在窮乏이라도 無悋惜이니라
(수재궁핍)   (무인석)

내무일물래　　거역공수거
來無一物來요　去亦空手去니라

자재　　무연지
自財도　無戀志어든

타물　　유하심
他物에　有何心이리오

만반장불거　　　유유업수신
萬般將不去하고　唯有業隨身이니라

삼일수심　　천재보
三日修心은　千載寶요

백년탐물　　일조진
百年貪物은　一朝塵이니라

송왈
頌曰

삼도고본인하기
三途苦本因何起오

지시다생탐애정
只是多生貪愛情이로다

아불의우생리족
我佛衣盂生理足커늘

여하축적장무명
如何蓄積長無明고

둘째는其二 자기自 재물을財 아끼지悋 말고不 남의他 재물物 탐내지求 말 것莫.

삼악도三途 고통苦 위에는上 탐낸貪 결과가業 처음에初 있고在, 행복으로 가는 여섯 가지 실천六度 방법門 가운데에는中 보시바라밀을檀 실천함이行 첫째에首 있느니라居. 인색하고 탐냄은慳貪 능히能 좋은善 길을道 막고防, 자비로운慈 베풂은施 반드시必 나쁜惡 길을徑

멈추게 하느니라禦. 만일如 가난한貧 사람이人 와서來 구걸함이求乞 있으면有, 비록雖 궁핍한 처지에窮乏 있더라도在 인색함이悋惜 없어야 하느니라無. 올 때來 한 물건도一物 없이無 왔고來, 갈 때도去 역시亦 빈손으로空手 가느니라去. 자기의自 재물에도財 연연하는戀 마음이志 없어야 하거늘無 다른 이의他 재물에物 무슨何 마음이心 있으리오有. 모든 것萬般 가지고將 갈 수去 없고不 오직唯 업이業 있어有 자신을身 따르느니라隨. 사흘三日 닦은修 마음은心 천년의千載 보배이고寶, 백년百年 탐한貪 물건은物 하루아침의一朝 티끌이니라塵.

게송으로頌 이른다曰.

삼악도의三途 고통苦 근본本 무엇何 말미암아因 일어나는가起?

오직只 이것은是 많은 생多生 탐내고貪 애착한愛 마음 탓이네情.

우리我 부처님佛 가사와衣 발우로盂 사는 것이生理 족했거늘足,

어찌하여如何 쌓아두고蓄積 어리석음을無明 기르랴長.

삼도(三途)
세 가지 나쁜 세계인 지옥과 아귀와 축생의 세계.

육도(六度)
깨달음으로 나아가는 여섯 가지 수행법인 육바라밀.

단(檀)
베푸는 행위인 보시(布施)의 인도어인 다아나(dāna)의 소리 옮김인 단나(檀那)의 줄임말.

의우(衣盂)
옷과 그릇이라는 뜻이지만 여기서는 가사와 발우를 가리킴.

무명(無明)
번뇌의 가장 핵심인 어리석음의 뿌리.

송강 해설

　남을 위하는 데는 아주 인색하면서 남의 것을 탐내는 일에는 기를 쓰고 덤비는 사람이 있다. 그런데 이런 사람은 꼭 괴롭다는 말을 입에 달고 산다. 수학적으로 계산하면 인색하고 탐내는 것이 행복의 지름길이 될 것 같은데, 연기(緣起)의 이치로는 어림도 없다. 우리가 부처님의 가르침을 배우고 실천해야 하는 이유가 여기에 있다.

　연기의 이치로 보자면 인색하고 탐내는 사람에게는 좋은 미래가 절대로 보장될 수 없다. 일시적으로는 이익을 보는 것 같으나 엉뚱한 일이 일어나서 그 이익보다 훨씬 큰 손해를 보고 만다. 남을 위해 베풀어 주는 것은 일견 손해처럼 보인다. 그래서 사람들은 베푸는 이를 앞에서는 칭찬하면서도 뒤에서는 바보라고 흉본다. 하지만 행복해지려면 베푸는 것부터 시작해야 한다.

　그런데 이런 설명을 제대로 받아들이려면 마음

이 맑아야만 한다. 결국은 마음이다. 그래서 부처님께서는 밖의 것을 얻는데 목숨을 걸지 말고 먼저 자기 마음을 살피고 닦으라고 한 것이다.

베풂의 상징 포대화상은 미래의 행복을 열어 주실 미륵보살로 모셔진다.

자경문 10 입과 몸의 업 맑히기

<small>기삼 구무다언</small>
其三은 **口無多言**하고

<small>신불경동</small>
身不輕動이어다

<small>신불경동즉식란성정</small>
身不輕動則息亂成定이요

<small>구무다언즉전우성혜</small>
口無多言則轉愚成慧니라

<small>실상이언 진리비동</small>
實相離言이요 **眞理非動**이라

<small>구시화문 필가엄수</small>
口是禍門이니 **必可嚴守**하고

<small>신내재본 불응경동</small>
身乃災本이니 **不應輕動**이니라

삭비지조　　홀유라망지앙
數飛之鳥는 忽有羅網之殃이요

경보지수　　비무상전지화
輕步之獸는 非無傷箭之禍니라

고　　세존주설산
故로 世尊住雪山호대

육년좌부동
六年坐不動하시고

달마거소림　　　구세묵무언
達磨居少林하사 九歲默無言하시니

후래참선자　　하불의고종
後來參禪者가 何不依古蹤이리요

송왈
頌曰

신심파정원무동
身心把定元無動하고

묵좌모암절왕래
默坐茅庵絶往來어다

적적요요무일사
寂寂寥寥無一事하고

단간심불자귀의
但看心佛自歸依어다

셋째는其三 입은口 많은多 말을言 하지 말고 無, 몸은身 함부로輕 움직이지動 말 것不. 몸이身 함부로輕 움직이지動 않으면不 곧則 어지러움을亂 쉬어息 선정을定 이루며成, 입이口 많은多 말을言 하지 않으면無 곧則 어리석음을愚 돌려轉 지혜를慧 이루게 된다成. 참된 본바탕은實相 말을言 떠난 것이고離, 진리는眞理 변하는 것이動 아니다非. 입은口 곧是

재앙의禍 문이니門 반드시必 엄격하게嚴 지켜야만守 하고可, 몸은身 곧乃 재앙의災 바탕이니本 응당應 함부로輕 움직이지動 말라不. 자주數 나는飛 새에게는之鳥 느닷없이忽 그물에 걸리는 재앙이羅網之殃 있고有, 함부로輕 돌아다니는步 짐승에게는之獸 화살에 다치는 재앙이傷箭之禍 없지 않다非無. 그러므로故 세존께서는世尊 설산에雪山 머무시어住 6년을六年 앉아坐 움직이지動 않으셨고不, 달마대사께서는達磨 소림굴에少林 머무시어居 9년을九歲 잠잠히默 말이言 없으셨다無. 후대에後來 선을禪 참구하는參 사람이者 어찌何 옛古 자취를蹤 따르지依 않겠는가不.

게송으로頌 이른다曰.

몸과 마음身心 선정에 들어把定 근본이元 움직이지動 않게 하고無

묵묵히默 띳집암자에茅庵 앉아坐 오고 감을往來 끊을지어다絶.

고요하고 고요하며寂寂 비고 또 비어寥寥 한 가지一 일도事 없게 하고無

다만但 마음의心 부처를佛 보아看 스스로自 돌아가 의지하라歸依

실상(實相)
깨달은 이가 보는 본래의 모습. 진여(眞如) 또는 본체(本體)라고도 함. 참된 본바탕.

삭비(數飛)
자주 날다. 數는 '자주'라는 뜻일 경우 '삭'으로 읽음.

세존주설산(世尊住雪山)
설산을 히말라야로 보는 경우는 잘못. 설산은 인도라는 특징을 표현하는 말로 이해하면 좋을 듯함. 싯다르타께서 6년간 고행하신 곳은 보드가야에서 가까운 나이란자나 강변이었다.

달마(達磨)
옛 기록에는 주로 達磨로 적고 있으나 요즘에는 達摩로 적고 있음.

파정(把定)
선정을 잡다. 선정을 쥐다. → 선정에 들다.

송강 해설

우리네 삶의 흔적과 방향성을 업(業)이라고 한다. 이 업의 대표적인 것을 열 가지로 정리하면 몸의 업이 셋이고 입의 업이 넷이며 마음의 업이 셋이다. 이 정리에 따르면 몸과 입이 짓는 업이 7할이다. 물론 이 7할의 업은 잘 드러나지 않는 마음의 업 3할과 직접적인 연관 관계에 있다. 이것을 다르게 설명하면 우리 삶의 7할은 밖으로 드러나는 것이고, 삶의 3할은 밖으로 드러나지 않지만 드러나는 7할을 조정하고 있는 것이다.

일반 사람들의 입장에서 보면 드러나지 않는 3할의 삶인 마음의 작용은 잘 모른다. 그래서 여기서는 먼저 드러난 부분을 조절하여 드러나지 않는 마음작용을 좋은 방향으로 바꾸는 방법을 말하였다. 그것이 몸을 진중하게 하여 선정에 이르게 하고, 말을 줄여서 지혜에 도달하도록 하라는 말로 표현되었다. 그 본보기로 부처님과 달마대사의 일을 들었다. 부처님께서는 6년의 고행을 하신 후 깨달음을 이루셨고, 달마대사께서는 9년을 면벽하신 후에 혜가라는 뛰어난 제자를 얻으셨다. 하지만 오해는 하지 않았으면 좋겠다. 이 예는 어디까지나 정리된 것일 따름이다.

여기에서 가장 중요한 내용은 게송에 있다.

지금 근본의 자리에 서 있어야만 한다. 오고 감을 끊은 경지여야만 하고, 일 없어 고요하고 텅 빈 사람이어야 한다. 자기 마음의 부처와 더불어 영원히 평화로울 수 있는가?

마음속 모든 것 내려놓으면 오롯하게 부처가 나타나리니

11. 훌륭한 벗을 가까이 할 것

其四는 但親善友하고 莫結邪朋하라
_{기사   단친선우   막결사붕}

鳥之將息에 必擇其林이요
_{조지장식   필택기림}

人之求學에 乃選師友니
_{인지구학   내선사우}

擇林木則其止也安하고
_{택림목즉기지야안}

選師友則其學也高니라
_{선사우즉기학야고}

故로 承事善友를 如父母하고
_{고   승사선우   여부모}

遠離惡友를 似寃家니라
_{원리악우   사원가}

학무오붕지계
鶴無烏朋之計어니

붕기초우지모
鵬豈鷦友之謀리오

송리지갈   직용천심
松裏之葛은 直聳千尋이요

모중지목   미면삼척
茅中之木은 未免三尺이니

무량소배   빈빈탈
無良小輩는 頻頻脫하고

득의고류   삭삭친
得意高流는 數數親이어다

송왈
頌曰

주지경행수선우
住止經行須善友하고

신심결택거형진
身心決擇去荊塵이어다

형진소진통전로
荊塵掃盡通前路하면

촌보불이투조관
寸步不移透祖關하리라

넷째는其四 오직但 좋은善 벗을友 가까이하고親 삿된邪 벗은朋 가까이結 말라莫.

새가鳥之 쉬려고息 하면將 반드시必 그其 숲을林 가려서 하고擇, 사람이人之 배움을學 구함에는求 곧乃 스승과師 벗을友 가려서 한다選. (새가) 숲과林 나무를木 가리면擇 곧則 그其 쉼이止也 편해지고安, (사람이) 스승과師 벗을友 가리면選 곧則 그其 배움이學也 높아진다高. 그러므로故 좋은善 벗을友 섬기는承 일은事 부모와父母 같이 하고如, 나쁜惡 벗을友 멀리遠 여의는 것은離 원수의寃 집과家 같아야 한다似.

학이鶴 까마귀와烏 벗할朋之 생각이計 없거니無, 붕새가鵬 어찌豈 뱁새와鷃 벗할友之 마음이겠는가謀? 솔 숲松 안의裏之 칡은葛 (소나무에 의지하여) 곧게直 천千 길을尋 솟아오르고聳, 띠茅 속의中之 나무는木 석三 자를尺 넘지免 못한다未. 어질지良 못한無 소인배는小輩 언제나頻頻 벗어나야 하고脫, 뜻을意 이룬得 훌륭한高 이들은流 항상數數 친해야 한다親.

게송으로頌 이른다曰.

머물거나住止 다니거나經行 꼭須 좋은 벗 함께 하여善友

몸과身 마음心 판단해決 가려擇 가시덤불荊塵 제거하라去.

가시덤불荊塵 다 쓸어버려掃盡 앞길이前路 통한다면通,

한 걸음도寸步 옮기지移 않고不 조사관문祖關 꿰뚫으리透.

⋯⋯⋯⋯⋯⋯⋯⋯⋯⋯⋯⋯⋯⋯⋯⋯⋯⋯⋯⋯⋯⋯⋯⋯⋯⋯⋯⋯⋯⋯⋯⋯⋯⋯⋯⋯⋯⋯⋯

지(之)
주어를 돕는 용법일 때는 '~가, ~는, ~이' 등으로 번역함.

즉(則)
~하면, 곧.

야(也)
앞의 뜻을 강조함.

빈빈(頻頻)
자주자주, 빈번히, 언제나.

삭삭(數數)
자주자주, 항상.

조관(祖關)
조사의 관문. 조사스님들의 공안(화두).

송강 해설

　공부를 함에 있어서 세 가지만 갖추어도 반은 이룬 셈이라고 할 수 있다. 그것은 좋은 도량과 좋은 스승과 좋은 도반이다. 좋은 도량이 되려면 반드시 좋은 스승과 좋은 도반이 있어야 할 것이니, 따지고 보면 좋은 스승과 좋은 도반을 만나는 것이 참으로 중요하다고 하겠다.

　좋은 스승을 만나면 올바른 방향을 알 수 있게 되고, 좋은 벗을 만나면 서로 용기를 북돋아 주어 정진할 수 있게 된다. 바른 방향으로 열심히 정진하는 사람이라면 어찌 뜻을 이루지 못하겠는가.

　곧고 키가 큰 삼(대마)밭에 있는 쑥은 마치 제가 삼대인양 곧게 하늘로 솟는다. 그러나 쑥 덤불 속의 삼대는 제가 쑥대인양 키가 작고 어설프다.

　자신이 상대하기 쉬운 사람들만 만나는 이가 있다면, 그는 세월이 흐를수록 점차 못난이가 될 것이다. 반면에 지금 당장은 상대하기 버겁고 두렵더라도 자신보다 뛰어난 사람과 함께 하길 즐기는 사람이라면 어느 순간 훌륭한 지도자가 되어 있거나, 아니면 일체의 괴로움에서 초탈한 사람이 되어 있을 것이다.

그런데 과연 훌륭한 스승과 좋은 벗을 알아볼 안목이 있을까? 제가 잘났다는 아만을 완전히 비우기 전에는 참으로 어려운 일이다.

훌륭한 스승과 좋은 벗을 알아보는 안목이 있다면 무슨 걱정이랴.

자경문 12 항상 맑게 깨어 있어라

<small>기오   제삼경외   불허수면</small>
其五는 **除三更外**에 **不許睡眠**하라

<small>광겁장도   수마막대</small>
曠劫障道는 **睡魔莫大**니

<small>이륙시중   성성기의이불매</small>
二六時中에 **惺惺起疑而不昧**하며

<small>사위의내   밀밀회광이자간</small>
四威儀內에 **密密廻光而自看**하라

<small>일생   공과   만겁   추한</small>
一生을 **空過**하면 **萬劫**에 **追恨**이니

<small>무상   찰나</small>
無常은 **刹那**라

<small>내일일이경포</small>
乃日日而驚怖요

인명   수유
人命은 須臾라

실시시이불보
實時時而不保니라

약미투조관   여하안수면
若未透祖關이면 如何安睡眠이리요

송왈
頌曰

수사운롱심월암
睡蛇雲籠心月暗하니

행인도차진미정
行人到此盡迷程이로다

개중념기취모리
箇中拈起吹毛利하면

운자무형월자명
雲自無形月自明하리라

다섯째는其五 삼경을三更 제외하고는除~外 잠들지睡眠 말라不許.
아주 오랜 세월 동안曠劫 도를道 막는 것은障 잠보다睡魔 더 큰 것이 없으니莫大, 하루 종일二六時中 맑게 깨어惺惺 의심疑 일으켜起 어둡지 말 것이며而不昧, 모든 행위에四威儀內 은밀히密密 빛을 돌이켜廻光 스스로 살펴보라而自看.
한평생을一生 헛되이空 보내면過 만겁 동안萬劫 후회하고 한탄할 것이다追恨. 무상한 세월은無常 순식간에 지나갈 것이니刹那, 그러므로乃 날마다日日 놀라고 두려워할 일이다而驚怖. 사람의 목숨은人命 잠깐이니須臾, 참으로實 매시간時時 보존하지 못하느니라而不保. 만약若 조사의 관문을祖關 뚫지透 못했다면未 어찌如何 편안히安 잘 수 있으랴睡眠.

게송으로頌 이른다曰.

졸음睡蛇 구름雲 뒤덮어籠 마음 달心月 어두우니暗

수행자行人 여기此 와서到 모두盡 길을程 잃는구나迷.

여기에서箇中 지혜의 칼날吹毛利 뽑아 든다면拈起

구름雲 절로自 자취 없고無形 달이月 절로自 밝으리라明.

∙∙

수마(睡魔)
견디지 못할 정도로 심한 졸음은 수행을 방해한다고 하여 일컫는 말.

막대(莫大)
~보다 더 큰 것이 없다.

이륙시(二六是)
자시(子時)부터 해시(亥時)까지의 12시진(時辰). 지금의 24시간.

성성(惺惺)
맑게 깨어 있는 상태.

사위의(四威儀)
사람이 움직이는 네 가지 모양. 즉 돌아다니는 행(行), 한곳에 머무는 주(住), 앉아 있는 좌(坐), 누워 있는 와(臥).

회광(廻光)
보통 회광반조(廻光反照)라고 씀. 바깥의 것에 관심을 쏟던 것을 안으로 돌이켜 자신의 심성을 살피는 것.

추한(追恨)
일이 지나간 뒤에 뉘우쳐 한탄함.

경포(驚怖)
놀라고 두려워 함.

수유(須臾)
인도의 시간 단위로 경론에 자주 등장하는데, 찰나와 같이 보기도 함. 보통 잠깐, 잠시의 뜻으로도 사용됨.

조관(祖關)
흔히 조사의 관문이라는 뜻으로 공안(公案)을 가리킴.

수사(睡蛇)
수마(睡魔)와 같은 뜻.

취모리(吹毛利)
털을 불어 칼날에 닿으면 잘릴 정도로 날카로운 칼. 반야의 지혜.

송강 해설

목숨을 걸고 공부해 본 사람은 누구나 잠이 얼마나 끈질긴 방해꾼인지를 안다. 잠은 때와 장소를 가리지 않고 틈만 나면 유혹한다. 그래서 어떤 어른은 송곳으로 무릎을 찌르며 공부했고, 어떤 이는 칼을 턱에 괴고 좌선을 했다.

눈을 뜨고는 망상을 피우고, 눈을 감으면 잠에 떨어져 버리니 어쩌겠는가. 수십 년이 번개처럼 흘러가 서리가 머리에 내리고 안개가 눈을 가리고 만다. 그때에 후회한들 어찌 세월을 돌이키겠는가. 그러니 아직 할 일을 마치지 못했다면 잠을 부모 죽인 원수처럼 생각하고 허리를 곧게 펴야 할 것이다.

의심덩어리 하나로 몰입해 들어가면 어느 틈엔가 잠이 저절로 모습을 감추어 버린다. 그리하여 맑게 깨어 고요한 경지에 이르면 이미 수마(睡魔) 따위는 힘을 쓰지 못한다. 그리곤 대장부 할 일을 문득 마친다. 그때에 이르면 잠과 깨어 있음이 둘이 아니다.

졸지 말고 부지런히 정진하라. 그래야 할 일을 마칠 수 있으리라.

13 자신을 높이지 말고 남을 낮추지 말라

기육   절막망자존대
其六은 切莫妄自尊大하고

경만타인
輕慢他人이어다

수인득인   겸양위본
修仁得仁은 謙讓爲本이요

친우화우   경신위종
親友和友는 警信爲宗이니라

사상산점고   삼도해익심
四相山漸高하면 三途海益深하나니

외현위의   여존귀
外現威儀는 如尊貴나

내무소득   사후주
內無所得은 似朽舟니라

관 익 대 자　　심 익 소
　　官益大者는 心益小하고
　　　도 익 고 자　　의 익 비
　　道益高者는 意益卑니라
　　　인 아 산 붕 처　　무 위 도 자 성
　　人我山崩處에 無爲道自成하나니
　　　범 유 하 심 자　　만 복 자 귀 의
　　凡有下心者는 萬福自歸依니라
　　　송 왈
　　頌曰
　　　교 만 진 중 장 반 야
　　憍慢塵中藏般若요
　　　아 인 산 상 장 무 명
　　我人山上長無明이니라
　　　경 타 불 학 용 종 로
　　輕他不學龍鍾老하고

病臥辛吟恨不窮이니라
병 와 신 음 한 불 궁

여섯째는其六 절대切 망령되이妄 자신을自 높이고尊大 다른 사람을他人 업신여기지輕慢 말라莫.

어짊을仁 닦아修 어짊을仁 이루는 데는得 겸손과謙 사양이讓 근본이本 되고爲, 벗을友 가까이하여親 벗과友 화목해지는 데는和 공경과警 믿음이信 으뜸이宗 되느니라爲. 네 가지 관념의四相 산이山 점차漸 높아지면高 세 가지 나쁜 세계의三途 고통 바다가海 더욱益 깊어지나니深, 밖으로外 위엄을威儀 드러내는 것은現 존귀한尊貴 듯하나如 안으로內 소득이所得 없음은無 썩은朽 배와舟 같으니라似.

자신을 높이지 말고 남을 낮추지 말라 269

벼슬이官 더욱益 높아진大 사람은者 마음을心 더욱益 낮춰야 하고小, 도가道 더욱益 높아진高 사람은者 뜻을意 더욱益 겸손히 해야 하느니라卑. 너니 나니 하는 산이人我山 무너진崩 곳에處 본연의無爲 도가道 저절로自 이루어지나니成, 무릇凡 스스로를 낮추는 마음이下心 있는有 사람은者 온갖 복이萬福 저절로自 돌아오느니라歸依.

게송으로頌 이른다曰.

교만한憍慢 번뇌塵 속에中 반야의 지혜는般若 감춰지고藏

나니 너니 하는 산我人山 위에는上 어리석음無明 자라도다長.

남他 업신여기며輕 배우지學 않고不 비틀비틀蹣跚 늙어지면老

병들어病 누워臥 신음할 때辛吟 한탄恨 다함 없으리라不窮.

사상(四相)

금강경에서 깨트려야 할 고정관념으로 지목한 나라는 관념. 사람이라는 관념, 중생이라는 관념, 살아있는 존재라는 관념.

삼도(三途)

아주 나쁜 세계인 지옥, 아귀, 축생.

인아산(人我山)

나라거나 너라는 분별 차별이 도에 나아가는 것을 가로막는 것이 산과 같다는 표현. 인상과 아상의 산.

무위(無爲)

인위적으로 만든 것이 아닌 본연의 것.

하심(下心)

스스로를 낮추는 마음.

반야(般若)

우리 본성에 갖추어진 지혜.

용종(躘踵)

어린애처럼 뒤뚱거리며 힘들게 걷는 모양.

한여름 땀을 받아내며 모습을 드러내지 않고 사람들을 받들어 준 방석의 속청이 법의 깃발처럼 깊은 밤 도량에 걸려 있다.

송강 해설

아만을 꺾지 못하면 수행은 어렵다. 아만은 히말라야보다 훨씬 높고 가파른 산이다. 그것을 부수지 못하면 늘 불행한 '이쪽'에만 있을 수밖에 없다. 그러니 언제나 '저쪽'의 행복을 꿈꾸기만 하면서 불행을 곱씹으며 산다.

남을 업신여기는 사람은 포용도 못하지만 그로부터 배울 수 있는 길을 차단해 버린다. 만일 불보살이 평범한 모습으로 앞에 있어도 무시하고 말 것이다.

세상을 우습게 여기는 사람은 비록 세상에 펼쳐져 있는 진리의 만다라 속에 있을지라도 늘 불평을 늘어놓으며 벗어나려고만 한다. 그러나 스스로 만들어 놓은 괴로움의 늪은 벗어나려고 할수록 깊이 빠지게 되는 것이다.

절할 때 앞에 두는 방석이 비록 발아래 있지만, 결국은 그 방석에 머리를 맞대고 부처님의 명호를 외울 수밖에 없는 것이다. 타인의 발아래 기꺼이 자신을 둘 수 있는 사람은 늘 편안하고 자유로울 것이다. 하늘에서 내리는 비가 산의 가장 높은 곳에 먼저 내릴지라도 결국 가장 낮은 곳에 모이는 법이다.

속청에 솜을 넣고 정리하는 보살님들의 얼굴이 속청보다 훨씬 맑다.

자경문 14 바른 마음으로 유혹을 극복하라

기칠 견재색
其七은 見財色이어든

필수정념대지
必須正念對之어다

해신지기 무과여색
害身之機는 無過女色이요

상도지본 막급화재
喪道之本은 莫及貨財니라

시고 불수계율
是故로 佛垂戒律하사

엄금재색
嚴禁財色하사대

안도여색 여견호사
眼覩女色이어든 如見虎蛇하고

신임금옥
身臨金玉이어든

등시목석
等視木石이라하시니라

수거암실　　여대대빈
雖居暗室이나 如對大賓하야

은현동시　　내외막이
隱現同時하며 內外莫異어다

심정즉선신필호
心淨則善神必護하고

연색즉제천불용
戀色則諸天不容하나니

신필호즉수난처이무난
神必護則雖難處而無難이요

천불용즉내안방이불안
天不容則乃安方而不安이니라

송 왈
頌曰

이 욕 염왕 인 옥 쇄
利慾閻王引獄鎖요

정 행 타 불 접 연 대
淨行陀佛接蓮臺니라

쇄 구 입 옥 고 천 종
鎖拘入獄苦千種이요

선 상 생 연 낙 만 반
船上生蓮樂萬般이니라

일곱째는其七 재물과財 여색을色 보면見 반드시必 바른 생각으로正念 그것을之 대해야만對 한다須.

몸을身 해치는害 계기로는之機 여색보다女色 지나친 것이過 없고無, 도를道 잃는喪 근본으로는之本 재화에貨財 미칠 것이及 없느니라莫. 이런是 까닭에故 부처님께서佛 계율을戒律 베푸시어垂 재물과財 여색을色 엄금하시기를嚴禁 "눈으로眼 여색을女色 보면覩 호랑이나虎 독사를蛇 보는 것과見 같이하고如, 몸이身 금과金 옥을玉 만나면臨 나무나木 돌을石 보는 것과視 같이하라等"고 하셨느니라.

비록雖 어두운暗 방에室 있더라도居 큰大 손님을賓 대하는對 것처럼 하여如 감추고隱 드러냄을現 한결같이 하며同時 안과內 밖을外 다르게異 말라莫. 마음이心 맑으면淨 곧則 선신이善神 반드시必 보호하고護, 여색을色 잊지 못하면戀 곧則 모든諸 하늘이天 용납하지容 않느니라不. 신이神 반드시必 보호한다면護則 비록雖 어려운難 곳이라處 하더라도而 어려움이難 없을 것이고無, 하늘이天 용납하지容 않는다고不 한다면則 곧乃 편안한安 곳이라方 하더라도而 편안하지安 않느니라不.

게송으로頌 이른다曰.

이익에利 욕심내면慾 염라왕이閻王 지옥의獄 사슬을鎖 당기고引,

맑은淨 행은行 아미타불께서陀佛 연화대로蓮臺 맞느니라接.

쇠사슬에鎖 얽혀拘 지옥에獄 들면入 고통이苦 천千 가지요種,

배를船 타고上 연화대에蓮 나면生 즐거움이樂 만萬 가지니라般.

색(色)
빛깔, 물질, 몸, 여인.

화재(貨財)
돈이나 값나가는 재물.

미래는 온전히 자신의 마음가짐과 실천에 달렸다.

수(垂)
드리우다, 베풀다.

쇄구(鎖拘)
쇠사슬에 얽힘. 지옥에 끌려가는 모양.

선상(船上)
배를 탐. 극락에 갈 때는 반야용선을 타고 간다고 함.

송강 해설

출가 수행의 목적이 무엇일까? 두말할 것도 없이 자유롭고 행복한 삶이다. 물론 그 자유와 행복은 순간적인 것이 아니라 영원한 것이어야 한다.

세상에는 사람을 순간순간 행복하게 하는 것들이 많이 있다. 그 중에서도 가장 큰 기쁨을 주는 것이 사랑과 재물이다. 문제는 이것으로 인한 기쁨이 늘 계속되는 것이 아니라는 것이다. 엄청난 노력을 필요로 하는 것이면서 또한 엄청난 고통도 동시에 따른다. 그런 줄 알면서도 포기하기 힘든 마력을 지닌 것이 사랑이고 재물이다.

출가하여 깨달음에 이르고자 하는 젊은 수행자에게 가장 강렬한 유혹 또한 재물과 이성(異性)이다. 처음에는 굳건한 신념으로 오직 깨달아야 하겠다는 마음 하나로 밤잠도 자지 않고 정진한다. 그러나 깨달음은 성취되지 않은 채 세월만 흐르게 되면 어느덧 처음의 각오는 사라지고 점차 세속적인 것들만 눈에 들어오게 된다. 그러다 보면 결국 만나는 것이 재물과 사랑이다.

재물과 사랑은 세상을 살아가는데 필요한 것이기에 결코 나쁜 것은 아니다. 문제는 깨달음을 위해 출가한 수행자가 충분한 힘을 갖추지 못한 상태에서 이 두 가지를 만나게 되면 수행을 포기하게 된다는 것이다. 처음부터 재물과 사랑에 목적을 둔 사람이라면 뒷날 수행하지 않은 것에 대해 후회하지 않을 수 있겠으나, 수행을 하던 사람이라면 재물과 사랑 때문에 깨달음을 포기한 것에 대해 두고두고 통탄하게 될 것이다.

옛 어른들은 재물과 여자를 호랑이와 뱀처럼 경계하라고 하셨다. 능히 이길 수 있다면 모르거니와 그렇지 못하면 자칫 목숨을 잃게 되기 때문이다. 지옥의 고통과 극락의 즐거움이 오직 자신의 마음과 실천에 달렸다. 그러므로 힘을 충분히 갖출 때까진 함부로 가까이 해선 안 된다.

자경문 15 출가의 큰 뜻을 잊지 말라

기팔　　막교세속
其八은 **莫交世俗**하야

영타증질
令他憎嫉이어다

이심중애왈사문
離心中愛曰沙門이요

불연세속왈출가
不戀世俗曰出家니라

기능할애휘인세
旣能割愛揮人世어니

부하백의　　결당유
復何白衣로 **結黨遊**리요

애련세속　　위도철
愛戀世俗은 **爲饕餮**이니

도철　유래　　비도심
饕餮은 由來로 非道心이니라

인정　농후　도심소
人情은 濃厚로 道心疎니

냉각인정영불고
冷却人情永不顧니라

약욕불부출가지
若欲不負出家志인댄

수향명산궁묘지
須向名山窮妙旨호대

일의일발　　절인정
一衣一鉢로 絶人情하야

기포　무심　　도자고
飢飽에 無心하면 道自高니라

송왈
頌曰

위타위기수미선
爲他爲己雖微善이나

개시윤회생사인
皆是輪廻生死因이니라

원입송풍라월하
願入松風蘿月下하야

장관무루조사선
長觀無漏祖師禪이어다

여덟 번째는其八 세속의 사람을世俗 사귀어交 다른 사람이他 미워하거나憎 시샘하게嫉 하지 令 말라莫.

마음心 가운데에中 애착을愛 여읜 이를離 수행자라沙門 하고曰, 세속을世俗 그리워하지戀 않는 것을不 출가라고出家 하느니라曰. 이미 旣 능히能 애착을愛 끊고割 인간人 세상을世

떨쳐 버렸거늘揮, 다시復 어찌해서何 재가인과白衣 무리지어結黨 놀겠는가遊? 세속을世俗 애착하며愛 그리워하는 것은戀 재물과 음식을 탐하는 도철이饕餮 되는 것이니爲, 도철은饕餮 그 내력이由來 도를 구하는 마음이道心 아니니라非.

인정이人情 짙고濃 두터우면厚 도를 구하는 마음이道心 성그나니疎, 냉정하게冷 인정을人情 물리쳐서却 길이永 돌아보지顧 말지니라不. 만약若 출가의出家 큰 뜻을志 저버리지負 않으려不 한다면欲 모름지기須 좋은 산에名山 가서向 미묘한 이치를妙旨 찾아라窮. 한 벌의 옷과一衣 한 벌의 발우로一鉢 인정을人情 끊고絶, 주리고飢 배부름에飽 무심해지면無心 도가道 스스로自 높아지니라高.

게송으로頌 이른다曰.

남을他 위하고爲 자기를己 위함이爲 비록雖 작은微 선이나善,

모두皆 이것이是 생사를生死 윤회하는輪廻 원인이니라因.

바라건대願 솔바람松風 달빛 걸린 나무蘿月 아래下 들어가入,

번뇌漏 없는無 조사의 관문祖師禪 오래長 살필지어다觀.

....

사문(沙門)
범어 스라마나(śramana)를 소리대로 옮긴 것. 인도에서 집을 떠나 수행하는 이를 일컫는 말. 우리나라에서는 스님이라는 뜻으로 사용된다.

백의(白衣)
흰옷을 입은 사람. 출가자가 염색한 옷을 입었기에 물들이지 않은 흰옷을 입은 사람은 세속에 사는 사람을 가리킨다.

도철(饕餮)

음식과 재물을 탐하는 전설상의 기이한 동물. 양의 몸에 사람 얼굴을 하였고 눈은 겨드랑이에 붙었으며 호랑이 이빨에 사람의 손톱을 하였다. 울음소리는 어린애 같고 성질은 포악하다. 아무리 먹어도 만족할 줄 모르기에 결국 자기 몸을 망치고 만다.

일의일발(一衣一鉢)
수행자가 가지는 최소의 물건을 가리킬 때 '옷 한 벌과 발우 하나'라고 표현하는데, 계율로 정해진 것은 아니다. 부처님 당시에는 세 가지 옷과 발우 하나 그리고 약간의 물건을 더 가질 수 있었다.

라월(蘿月)
소나무를 타고 오르며 자라는 소나무겨우살이에 걸친 달이라는 뜻으로 순수한 자연 상태인 것을 나타낸다.

무루(無漏)
새는 것이 없는 경지라는 말이니 곧 집착으로부터 흘러나오는 번뇌(새는 것)가 없는 경지라는 뜻이다.

조사선(祖師禪)
달마조사로부터 면면히 이어지는 선 수행법과 그 수행법으로 깨달음에 이른 경지라는 뜻으로 앙산 혜적(仰山慧寂)선사가 최초로 사용하였다.

송강 해설

　마음공부라는 것은 세상의 복잡한 일로부터 자유로워지기 위해 노력한다는 말이다. 그러나 아무리 그것을 마음으로 바란다고 해도 이런 저런 인연을 만들어 세상의 사람들과 어울리다 보면, 자신의 바람과는 달리 온갖 시기 질투와 사랑과 미움의 소용돌이에 빠져들게 된다. 스스로가 온갖 애착으로부터 자유롭지 못하다면 어찌 마음 공부하는 사람이라고 할 수 있으며, 세상의 명예나 권세나 재물 따위에 연연하고 있다면 어찌 해탈할 수 있겠는가.
　애착과 탐냄이 가득한 마음에는 도가 깃들기 매우 어렵고, 감정에 휘둘리다 보면 도 닦을 마음이 점점 희미해진다. 복잡한 세상과 수많은 인연 속에서도 늘 자유로울 수 있다면 어떻게 해도 상관없겠으나, 만약 사사건건 걸리고 괴로워진다면 훌훌 떨치고 깊은 산속으로 들어가 반연을 최소화하는 것이 좋다. 환경에 초연한 사람이라면 어느 곳에 있

이러한 삶이라면 어느 정도는 도에 가깝다고 할 수 있지 않겠는가

어도 상관없겠지만 그렇지 못하다면 환경을 최적화하는 것이 급선무이기 때문이다.

　마음공부의 과정에 있는 사람이라면 간소한 생활이 도움이 되고, 세상 사람들이 추구하는 권력이나 부 또는 명예 등으로부터 멀리 있는 것이 도 닦는 것에 좋은 방법이 된다. 스스로도 지키지 못하면서 자리이타(自利利他)를 행한답시고 애쓰다가, 마침내 자기의 목표도 이루지 못하고 남도 행복하게 하지 못한다. 그러므로 자유자재한 힘이 생기기 전에는 모름지기 깨달음을 얻기 위해 목숨을 걸어야 한다.

16. 남의 잘못에 대해 떠들지 말라

其九_{기구}는 勿說他人過失_{물설타인과실}하라

雖聞善惡_{수문선악}이나 心無動念_{심무동념}이니

無德而被讚_{무덕이피찬}은 實吾慚愧_{실오참괴}요

有咎而蒙毀_{유구이몽훼}는 誠我欣然_{성아흔연}이니라

欣然則知過必改_{흔연즉지과필개}요

慚愧則進道無怠_{참괴즉진도무태}니라

勿說他人過_{물설타인과}하라 終歸必損身_{종귀필손신}이니라

약문해인언　　　　여훼부모성
若聞害人言이어든 如毀父母聲하라

금조　　수설타인과
今朝에 雖說他人過나

이일　　회두논아구
異日에 回頭論我咎니

수연　　　범소유상　　개시허망
雖然이나 凡所有相이 皆是虛妄이니

기훼찬예　　　하우하희
譏毀讚譽에 何憂何喜리요

송왈
頌曰

종조난설인장단
終朝亂說人長短타가

경야혼침락수면
竟夜昏沈樂睡眠이로다

여차출가도수시
如此出家徒受施라
필어삼계출두난
必於三界出頭難하리라

아홉 번째는其九 다른他 사람의人 허물을過失 말하지說 말지니라勿.

비록雖 좋은 말과善 궂은 말을惡 들어도聞 마음에心 흔들리는動 생각이念 없어야 한다無. 덕이德 없는데無 그럼에도而 칭찬을讚 받는 것은被 실로實 나의吾 부끄러움과慚 두려움이요愧, 허물이咎 있어有 그래서而 헐뜯음을毁 당한다면蒙 참으로誠 나의我 큰 기쁨이다欣然. 기꺼워한다면欣然 곧則 잘못을過 알아서知 반드시必 고칠 것이고改, 부끄러워하고慚

두려워한다면愧 곧則 도에道 나아감에進 게으르지怠 않을 것이다無.

다른他 사람의人 잘못을過 말하지說 말지니라勿. 마침내는終 반드시必 자신의 몸을身 해롭게 하는 것으로損 돌아오느니라歸. 만약若 남을人 해치는害 말을言 듣거든聞 마치如 부모를父母 헐뜯는毁 소리처럼 들어라聲. 오늘今 아침에는朝 비록雖 다른 사람의他人 허물을過 말하나說 다른 날에는異日 머리를 돌려回頭 나의我 허물을咎 말할 것이다論. 비록 그러하나雖然 무릇凡 모양이相 있는 것은所有 다皆 이것이是 허망한 것이니虛妄, 욕하고譏 헐뜯고毁 칭찬하고讚 기리는 것에譽 어찌何 근심하고憂 어찌何 기뻐하리오喜.

게송으로頌 이른다曰.

날이朝 저물도록終 남의人 장점과長 단점短

어지러이亂 말하다가說,

밤이夜 다하도록竟 몽롱하여昏沈 잠만睡眠 즐기는구나樂.

이와此 같은如 출가생활은出家 헛되이徒 베풂만施 받는 것이니受,

반드시必 중생의 세 가지 삶에서於三界 벗어나기出頭 어려우리라難.

....

과(過)
허물, 잘못.

참(慚=慙, hrī)
자신과 법에 의지하여 현선(賢善)을 존경하고, 자신의 잘못에 대해 뉘우치고 부끄러워하는 심리작용이다.

괴(愧, apatrapā)
자신의 죄과(罪過)에 대해 두려움을 느끼고, 다른 사람의 잘못된 행위에 대해 혐오감을 느끼는 심리작용이다.

흔연(欣然)
기쁘거나 반가워 기분이 좋은 모양. 기꺼워 함.

삼계(三界)

중생이 사는 세계를 셋으로 나누어 설명하는 것.

① 욕계(欲界) : 색욕(色慾)·식욕(食慾)·재욕(財慾) 등(等)의 욕망(慾望)이 강(强)한 중생(衆生)이 머무는 경계(境界). 위로는 육욕천(六欲天)의 천상, 가운데는 사람들이 사는 인계(人界), 아래로는 아수라(阿修羅), 축생(畜生), 아귀(餓鬼), 지옥(地獄)에 이르는 곳

② 색계(色界) : 욕계(欲界)와 무색계(無色界)의 중간(中間) 세계(世界)로 물질적인 것에 가치를 두고 있는 중생들이 사는 세계(世界)

③ 무색계(無色界) : 색계의 위에 있는 세계로 색신(色身-물질적 몸)과 물질(物質)의 속박(束縛)을 벗어난 순 정신적(精神的)인 것에 가치를 두고 있는 중생들이 사는 세계(世界).

송강 해설

　마음공부를 한다는 것은 거울을 보듯이 하는 것이다. 남이나 세상을 대할 때 보이는 모습들이 마치 자신의 그림자인 것처럼 보면 잘못을 쉽게 바로잡을 수 있다. 그래서 마음공부 잘하는 사람은 남의 허물을 볼 때 자기의 허물인양 생각하여 부끄러워하고 그런 일을 하지 않으려고 한다. 또 남의 좋은 점을 보면 자신이 행할 바라고 생각하여 곧 실천에 옮긴다. 이런 사람은 나날이 몸도 마음도 달라져서 더욱 자유롭고 멋있는 사람이 된다.

　위와 같은 마음자세로 사는 사람이라면 자신의 허물을 누군가가 지적해 주면 참으로 기뻐하며 고치고, 작은 성과에 대해 지나친 칭찬을 받으면 오히려 부끄러워하며 드러내지 않으려 애쓴다. 하물며 남의 허물을 등 뒤에서 떠드느라고 시간을 낭비하겠는가. 이런 사람은 인과의 원리에도 밝아서 돌아올 과보를 너무나 잘 알기에 나쁜 원인을 만들지 않는 것이다. 그래서 늘 좋은 말과 행동으로 공덕을 쌓는 일에 전력을 다하는 것이다.

위에서 말한 것은 지금 당장의 내 삶을 바꾸는 방법이다. 그렇기는 하나 우리가 가치 있다고 생각하는 것들도 해탈을 목표로 하는 사람에게는 우스운 일이다. 모든 것이 끝없이 변해 가는데 어찌 집착하고 있다고 세상이 자기 뜻대로 되겠는가. 그러므로 항상 자신의 내면을 향해 평정과 밝음이 가득한지를 살필 일이다. 어찌 바깥 경계에 끌려 다니며 끝없는 괴로움을 되풀이하겠는가. 자신의 내면이 맑고 밝으면 세상의 모든 것으로부터 자유로워진다.

중생들의 삶이라는 것이 끝없이 돌고 도는 육도윤회의 생사고해임을 그린 부탄의 탕카

17 평등한 마음이 보배다

<ruby>其<rt>기</rt></ruby><ruby>十<rt>십</rt></ruby>은 <ruby>居<rt>거</rt></ruby><ruby>衆<rt>중</rt></ruby><ruby>中<rt>중</rt></ruby>하야 <ruby>心<rt>심</rt></ruby><ruby>常<rt>상</rt></ruby><ruby>平<rt>평</rt></ruby><ruby>等<rt>등</rt></ruby>이어다

<ruby>割<rt>할</rt></ruby><ruby>愛<rt>애</rt></ruby><ruby>辭<rt>사</rt></ruby><ruby>親<rt>친</rt></ruby>은 <ruby>法<rt>법</rt></ruby><ruby>界<rt>계</rt></ruby><ruby>平<rt>평</rt></ruby><ruby>等<rt>등</rt></ruby>이니

<ruby>若<rt>약</rt></ruby><ruby>有<rt>유</rt></ruby><ruby>親<rt>친</rt></ruby><ruby>疎<rt>소</rt></ruby>면 <ruby>心<rt>심</rt></ruby><ruby>不<rt>불</rt></ruby><ruby>平<rt>평</rt></ruby><ruby>等<rt>등</rt></ruby>이라

<ruby>雖<rt>수</rt></ruby><ruby>復<rt>부</rt></ruby><ruby>出<rt>출</rt></ruby><ruby>家<rt>가</rt></ruby>나 <ruby>何<rt>하</rt></ruby><ruby>德<rt>덕</rt></ruby><ruby>之<rt>지</rt></ruby><ruby>有<rt>유</rt></ruby>리요

<ruby>心<rt>심</rt></ruby><ruby>中<rt>중</rt></ruby>에 <ruby>若<rt>약</rt></ruby><ruby>無<rt>무</rt></ruby><ruby>憎<rt>증</rt></ruby><ruby>愛<rt>애</rt></ruby><ruby>之<rt>지</rt></ruby><ruby>取<rt>취</rt></ruby><ruby>捨<rt>사</rt></ruby>하면

<ruby>身<rt>신</rt></ruby><ruby>上<rt>상</rt></ruby>에 <ruby>那<rt>나</rt></ruby><ruby>有<rt>유</rt></ruby><ruby>苦<rt>고</rt></ruby><ruby>樂<rt>락</rt></ruby><ruby>之<rt>지</rt></ruby><ruby>盛<rt>성</rt></ruby><ruby>衰<rt>쇠</rt></ruby>리요

<ruby>平<rt>평</rt></ruby><ruby>等<rt>등</rt></ruby><ruby>性<rt>성</rt></ruby><ruby>中<rt>중</rt></ruby>에 <ruby>無<rt>무</rt></ruby><ruby>彼<rt>피</rt></ruby><ruby>此<rt>차</rt></ruby>하고

대원경상　　　절친소
　　　大圓鏡上에　絶親疎니라

　　　삼도출몰　　　증애소전
　　　三途出沒은　憎愛所纏이요

　　　육도승강　　　친소업박
　　　六道昇降은　親疎業縛이니라

　　　계심평등　　　본무취사
　　　契心平等하면　本無取捨니

　　　약무취사　　　생사하유
　　　若無取捨면　生死何有리요

　　　송왈
　　　頌曰

　　　욕성무상보리도
　　　欲成無上菩提道인댄

　　　야요상회평등심
　　　也要常懷平等心이어다

약유친소증애계
若有親疎憎愛計하면
도가원혜업가심
道加遠兮業加深하리라

열 번째는其十 대중衆 속에中 살면서居 마음을心 항상常 평등하게 하라平等.
사랑을愛 끊고割 부모를親 떠난 것은辭 온 세상이法界 평등함을 깨닫고자 함이니平等, 만약若 친함과親 소원함이疎 있다면有 마음이心 평등하지平等 못한 것이다不. 비록雖 출가를出家 하였으나復 (마음이 평등하지 않다면) 무슨何 덕이德 있겠는가之有? 마음속에心中 만약若 미움과 사랑으로 인한憎愛之 버림과捨 취함이取 없다면無, 자신에게身上 어찌那 괴로움과 즐거움의苦樂之 성함과盛 쇠함이衰 있으리오有? 평등한平等 성품性 가운데에는中 남과彼 내가此 없고無, 크고大 원만한圓 거울鏡 위에는上 친함과親 소원함이疎 끊어졌느니라絶.

세 가지 나쁜 세계를三途 벗어났다가 빠졌다가 하는 것은出沒 미움과憎 사랑에愛 얽매였기 때문이며所纏, 여섯 세계를六道 오르내림은昇降 친함과 소원함의親疎 업에業 묶인 때문이니라縛. 마음이心 평등에平等 계합하면契 본래本 취할 것도取 버릴 것도捨 없나니無, 만약若 취할 것도取 버릴 것도捨 없다면無 생사가生死 어찌何 있으리오有.

게송으로頌 이른다曰.

위上 없는無 깨달음의菩提 도를道 이루려成 한다면欲

또한也 반드시要 항상常 평등한 마음平等心 품을지어다懷.

만약若 친함과親 소원함疎, 미움과憎 사랑의愛 헤아림이計 있다면有,

도는道 더욱加 멀어지고遠兮 업은業 더욱加 깊어지리라深.

법계(法界)
의식의 대상인 모든 존재. 온 세상.

신상(身上)
일신상. 처신. 자신에게.

평등성(平等性)
평등성지(平等性智)를 뜻함. 이 지혜는 제 7 말나식(末那識)이 깨달음을 통해 바뀌는 지혜(智慧)로 나와 남의 차별(差別)에 구애(拘礙)되지 않고 평등하게 보게 되는 지혜이다.

대원경(大圓鏡)
대원경지(大圓鏡智)를 뜻함. 번뇌에 오염된 아뢰야식(阿賴耶識)이 깨달음을 통해 전환되는 청정한 지혜. 이 지혜는 마치 모든 것을 있는 그대로 비추는 완벽한 거울처럼 일체 모든 것을 그대

비행기의 날개가 하나밖에 보이지 않지만 다른 하나가 균형을 잡고 있기에 추락하지 않는 것이다

로 보게 되는 지혜이다. 완벽한 깨달음을 이룰 때에 비로소 이 지혜가 발현된다.

삼도(三途)
세 가지 나쁜 세계인 삼악도(三惡途) 즉 지옥과 아귀와 축생.

육도(六道)
중생이 생사를 돌고 도는 여섯 가지 세계. 천상, 인간, 아수라, 축생, 아귀, 지옥.

혜(兮)
어조사, 감탄사. 뜻 번역하지 않음.

송강 해설

　마음공부를 한다는 것은 단순히 무엇을 떠나고 무엇을 버리는 것을 뜻하는 것이 아니다. 괴로움의 원인을 규명하고, 잘못을 극복하는 데에 목적이 있다.

　우리가 살면서 저지르는 잘못을 보면 내가 한 일과 남이 한 일에 대한 평가가 다르다는 것이다. 뿐만 아니라 사랑하는 사람과 미워하는 사람이 동일한 행위를 했을 때도 그 잣대가 다르다. 만약 나라거나 남이라는 분별이 사라진다면, 나는 무조건 옳고 남은 무조건 나쁘다는 그릇된 판단을 하지 않을 것이다. 만약 사랑의 감정이나 미움의 감정이 끼어들지 않는다면, 모든 사람의 행위를 공평무사하게 살필 수 있을 것이다.

　육바라밀의 수행에서 지혜바라밀의 바로 앞에 선정바라밀을 둔 것은 평정심의 유지가 지혜의 발현에 결정적인 역할을 하기 때문이다. 완벽한 깨달음에 이르지 못한 사람이라고 해도 흔들리지 않는 선정이 유지되기만 한다면 그릇된 판단을 거의 막을 수 있다. 그런데 만약 선정의 상태에서 시작된 판단이라고 할지라도 중간에 선정의 상태가 흐트러진다면 판단 또한 흐려질 것이다. 그러므로 깨닫지 못한 상태의 선정 또는 명상의 상태에서 비롯된 판단은 중간에서 얼마든지 잘못된 방향으로 방향을 바꿀 수도 있다. 그래서 선정과 지혜는 새의 양 날개와 같다고 한 것이다. 만약 한쪽의 날개가 잘못된다면 정상적으로 날 수가 없게 되며, 결국 목적지에 이를 수 없게 되는 것이다.

위에서 살펴 본 바와 같이 깨달음에 이르지 못한 사람의 선정 또는 명상의 상태는 불완전한 상태이며, 괴로움을 완전히 넘어선 경지가 아니다. 해탈의 경지에 이르기 위해서는 끝없이 헤아리고 분별하는 말나식(末那識)이 평등성지(平等性智)로 전환되어야 하며, 번뇌의 씨앗인 아뢰야식(阿賴耶識)이 완벽한 대원경지(大圓鏡智)로 전환되어야 하는 것이다. 이 지혜의 경지는 일상의 삶 자체가 삼매(三昧)로 전환되는 것이기에 더 이상 괴로움이 일어나지 않는 것이다.

자경문 18 얼마나 고귀한 존재인지를 알라

주인공
主人公아

여치인도 　　　당여맹귀우목
汝値人道호미 **當如盲龜遇木**이어늘

일생기하 　　불수해태
一生幾何관대 **不修懈怠**오

인생난득 　　불법난봉
人生難得이오 **佛法難逢**이라

차생　　실각　　　만겁　　난우
此生에 **失却**하면 **萬劫**에 **難遇**니

수지십문지계법
須持十門之戒法하야

일신근수이불퇴
日新勤修而不退하고

속성정각   환도중생
速成正覺하야 還度衆生이어다

아지본원
我之本願은

비위여독출생사대해
非謂汝獨出生死大海라

역내보위중생야
亦乃普爲衆生也니

하이고   여자무시이래
何以故오 汝自無始以來로

지우금생   항치사생
至于今生히 恒値四生하야

삭삭왕환
數數往還호미

개의부모이출몰야
皆依父母而出沒也라

故로 曠劫父母가 無量無邊하니

由是觀之컨대 六道衆生이

無非是汝多生父母라

如是等類가 咸沒惡趣하야

日夜에 受大苦惱하나니

若不拯濟면 何時出離리요

嗚呼哀哉라 痛纏心腑로다

주인공아主人公! 그대가汝 인간 세상을人道 만난 것이値 꼭當 눈먼盲 거북이가龜 나무를木 만난 것과遇 같거늘如, 한 평생이一生 얼마나 된다고幾何 닦지修 않고不 게으름을 피우는가懈怠? 사람으로 태어나는 것은人生 얻기得 어렵고難 부처님의 가르침은佛法 만나기逢 어렵도다難. 이번此 생에서生 기회를 잃어버리면失却 만겁을 지나도록萬劫 (다시 사람 몸과 불법) 만나기遇 어려우니難 모름지기須 위에서 말한 열 가지 경계한 조항을十門之戒法 잘 지켜서持 날로日 새롭게新 부지런히勤 닦으면서修而 물러나지退 말고不, 속히速 바른 깨달음을正覺 이뤄成 돌이켜서還 중생을衆生 제도할지니라度.

나의我之 본래 서원은本願 그대가汝 홀로獨 생사의生死 큰 바다를大海 벗어남을出 이른 것이

謂 아니라非, 또한亦 바로乃 널리普 중생을衆生 위하라는爲 것이다也. 무슨 까닭인가何以故? 그대가汝 시작 없는 옛날로無始以來 부터自 금생에于今生 이르도록至 항상恒 네 가지 모습을四生 만나値 빈번히數數 태어날 때마다往還 모두皆 부모를父母 의지하여서依而 나고 죽은 것이다出沒也. 그러므로故 오랜 겁의曠劫 부모가父母 한량없고無量 가없으니無邊, 이를是 말미암아由 살펴보건대觀之 여섯 세계의六道 중생이衆生 무릇是 그대의汝 많은 생의多生 부모父母 아님이非 없음이로다無. 이러한如是 무리들이等類 모두咸 나쁜 세계에惡趣 빠져서沒 밤낮으로日夜 큰大 괴로움을苦惱 받으니受, 만약若 건져拯 제도하지濟 않는다면不 어느何 때에時 벗어나리오出離. 아아嗚呼 슬프도다哀哉. 마음을心腑 아프게 하는구나痛纏.

주인공(主人公)
불교에서 자신의 근본자리를 일컫는 말.

맹귀우목(盲龜遇木)
나이 많고 눈먼 거북이 숨을 쉬기 위해 바다 위로 올라왔는데 그때 물에 뜬 나무를 만나 편히 쉴 수 있게 되었다는 뜻으로, 어려운 지경(地境)에 뜻밖의 행운(幸運)을 만나 어려움을 면하게 됨을 이르는 말.

해태(懈怠)
범어 까우시이드야(kausīdya-게으름)의 한역(漢譯). 좋은 품격[선품(善品-착한 행을 하는 마음)]을 닦고 나쁜 품격[악품(惡品-나쁜 일들을 하는 마음)]을 끊는 것에 게으른 심리이며, 성불을 향한 정진을 장애한다. 이것은 게으름·탐욕·성냄·어리석음의 심리작용의 일부분이다.

만겁(萬劫)
아주 오랜 세월. 겁(劫)은 범어 깔빠(kalpa)의 음역인 겁파(劫波)의 줄인 말로 힌두교에서는 86억 4천만년쯤 되는 세월이며, 불교에서도 비슷한 내용으로 사용된다.

십문지계법(十門之戒法)
열 가지 경계한 방법. 위에서 지적한 열 가지 항목.

사생(四生)
생물(生物)이 생겨나는 네 가지 형식(形式). 곧 태로 태어나는 태생(胎生), 알로 태어나는 난생(卵生), 습기로 인해 태어나는 습생(濕生), 변화하여 태어나는 화생(化生)의 총칭(總稱).

육도(六道)
천상, 인간, 아수라, 축생, 아귀, 지옥.

악취(惡趣)
악업(惡業)을 지어서 죽은 뒤에 나는 고통(苦痛)의 세계(世界). 지옥(地獄), 아귀(餓鬼), 축생(畜生), 아수라(阿修羅).

심부(心腑)
마음.

여기 주는 이가 있고 받는 이가 있지만 높고 낮음은 없다. 서로 도우며 살 뿐이다.

송강 해설

　사람들은 지금의 자신을 너무 우습게 여기는 경향이 있다. 얼마나 어렵게 지금 그 자리에 있게 되었는지를 잘 모른다. 생물학적인 가능 퍼센트를 굳이 따지지 않더라도 인간으로 태어났다는 것은 참으로 대단한 일이다. 뿐만 아니라 60조의 세포로 구성된 육체 또한 대단하지 않은가. 하나의 세포를 만드는데 1원이 있어야 한다면 내 몸은 지금 60조 원짜리이다. 세상에서 가장 비싼 보석이 자신의 몸이다. 게다가 보이지도 만져지지도 않는 마음이란 또 어떠한가. 아무리 써도 고갈되지 않는 무한대의 용량을 지닌 것이 마음 외에 또 무엇이 있겠는가!

　사람들은 가끔씩 행복해 한다. 60조의 세포와 무한대 용량의 마음을 가지고도 아주 가끔씩만 행복해 한다. 그리고 어마어마하게 괴로워하며 산다. 만약 무한한 기능을 갖춘 60조원짜리 최고급 승용차가 어쩌다 잠깐씩 잘 가고 계속 말썽을 피운다면 어떻겠는가? 무언가 잘못되어도 엄청 잘못된 것임을 알 것이다. 그런데 왜 자신이 아주 잠깐씩만 행복한 것에 만족하며 살려고 하는가?

늘 행복하지 않다면 무언가 대단히 잘못된 것이다. 그러니 지금의 생각으로부터 벗어나야 한다. 지금까지의 버릇으로부터 벗어나야 된다. 항상 자유롭고 편안해야 한다. 바로 그것이 해탈이다. 그렇게만 된다면 늘 행복한 사람이다. 비로소 60조원의 몸과 무한한 기능의 마음을 가진 주인이라고 할 수 있게 되었다.

하지만 혼자 그대로 멈추지 말라. 다겁생을 돌아보면 모든 이들이 한 번씩 나의 아버지였고 나의 어머니였다. 그들이 계속 괴로움에 허덕이는데 나만 홀로 행복해서야 되겠는가. 그들도 모두 행복할 수 있도록 도와야 한다. 만약 괴로워하는 이웃이 있다면 모름지기 안타깝고 슬퍼야 할 것이다. 그것이 자비이며, 자비가 있어야 대승보살이다.

19 다만 하지 않을 뿐이다

천만망여 조조발명대지
千萬望汝하노니 **早早發明大智**하야

구족신통지력
具足神通之力하며

자재방편지권
自在方便之權으로

속위홍도지지즙
速爲洪濤之智楫하야

광도욕안지미륜
廣度欲岸之迷倫이어다

군불견 종상제불제조
君不見가 **從上諸佛諸祖**가

진시석일 동아범부
盡是昔日에 **同我凡夫**일러니라

피기장부　　여역이
彼旣丈夫라 汝亦爾니

단불위야　　　비불능야
但不爲也언정 非不能也니라

고왈　　　도불원인
古曰호대 道不遠人이라

인자원의
人自遠矣라하며

우운　　　아욕인
又云호대 我欲仁이면

사인지의
斯仁至矣라 하시니

성재　　시언야
誠哉라 是言也여

천 번千 만 번萬 그대에게汝 바라노니望, 어서 어서早早 큰 지혜大智 밝혀내어發明 신통한 힘을神通之力 모두 갖추며具足, 자재한自在 방편의 힘으로方便之權 속히速 큰 파도에洪濤之 지혜의智 노가楫 되어서爲 널리廣 욕망 언덕의欲岸之 어리석은迷 무리를倫 제도하라度.

그대는君 보지見 못하는가不? 위로부터從上 모든 부처님과諸佛 모든 조사님들이諸祖 모두 다盡是 옛날에는昔日 우리와我 같은同 범부였느니라凡夫. 그분들은彼 이미旣 장부가 되었다丈夫. 그대汝 또한亦 그럴 것이니爾, 다만但 하지 않을 뿐이지不爲也 할 수 없는 것이不能 아니니라非~也.

옛사람이古 '도가道 사람을人 멀리하는 것이遠 아니라不 사람이人 스스로自 멀리할 뿐이다遠矣'고 하였고曰, 또又 '내가我 어질고자仁 한다면欲 이斯 어짊이仁 (내게) 이를 것이다至矣'고 하였으니云, 진실하구나誠哉 이是 말씀이여言也!

조조(早早)
서둘러. 빨리. 어서어서

방편지권(方便之權)
방편의 힘. 훌륭한 지도력.

새처럼 자유로이 나는 힘 얻고 배처럼 사람들 실어 나를 공덕 갖추어야 하리

송강 해설

출가 수행하는 목적이 무엇인가? 빨리 도를 이루어서 세상의 거친 파도에서 괴로워하는 사람들을 제도하기 위함이다. 하지만 그 일이 결코 만만치 않다. 어리석은 사람들은 여전히 자신의 욕망이라는 괴로움의 세상에서 '힘들어 죽겠다'를 외칠 뿐 벗어날 생각을 하지 않는다. 그러므로 스스로가 괴로움으로부터 자유로운 모습을 보여줄 수 있어야 하고, 그들이 갖는 갖가지 문제를 지혜롭게 풀어갈 수 있는 지도력을 갖춰야 하는 것이다.

불자들이 마음공부하는 것도 마찬가지이다. 처음에는 혼자라도 마음 좀 편해 보자고 공부를 시작하였다. 하지만 공부를 해보면 자신이 큰 세계의 수많은 인연 속에 속해 있음을 알게 된다. 결국 그 인연들과 어떻게 조화로울 수 있느냐가 관건이 된다. 그러므로 자신이 아는 만큼이라도 인연 있는 이들을 인도해야 한다. 주변 사람들이 같은 경지라야 비로소 편안해지고, 인연 있는 이들이 지혜로워야 비로소 행복해지는 것이다. 그러므로 인연 닿는 이들이 마음 공부할 수 있도록 슬기로운 방법으로 인도해야 한다.

어떤 이들은 "부처님이나 큰스님들은 우리와 근본적으로 다르다."고 말한다. 그러나 그분들도 깨닫기 전에는 모두 범부 중생이었던 것이다. 그분들은 큰 용기를 내어서 목숨 걸고 수행 정진하셨고, 자신은 계산하고 멈칫거리며 한 걸음도 내딛지를 않은 것 뿐이다. 누구라도 다 노력하면 그 깨달음의 행복한 경지에 이를 수 있지만, 다만 하지 않았을 뿐이다. 정말로 행복해지려고 노력해 봤는가? 그저 적당히 하자고 생각하여 적당히 게으르고 적당히 타협하며 살지는 않는가? 행복은 절실히 행복을 원하여 행복해지려고 노력하는 사람에게만 손을 내미는 것이다.

자경문 20 확고한 신심이 성불의 길이다

약능신심불퇴
若能信心不退면

즉수불견성성불
則誰不見性成佛이리요

아금증명삼보
我今證明三寶하시옵고

일일계여
一一戒汝하노니

지비고범　　즉생함지옥
知非故犯하면　則生陷地獄이리라

가불신여　　가불신여
可不愼歟며　可不愼歟아

송왈
頌曰

옥토승침최로상
玉兎昇沈催老像이요

금오출몰촉년광
金烏出沒促年光이로다

구명구리여조로
求名求利如朝露요

혹고혹영사석연
或苦或榮似夕烟이로다

권여은근수선도
勸汝慇懃修善道하노니

속성불과제미륜
速成佛果濟迷倫이어다

금생약불종사어
今生若不從斯語하면

후세당연한만단
後世當然恨萬端하리라

만약若 능히能 믿는信 마음이心 물러나지退 않는다면不 곧則 누군들誰 자성을性 보아見 부처가 되지成佛 못하리오不. 내가我 이제今 삼보를三寶 증명으로 모시고證明 낱낱이一一 그대를汝 경책하노니戒, 잘못인 줄非 알면서知 고의로故 범하면犯 곧則 산 채로生 지옥에地獄 떨어질 것이다陷. 삼가지愼 않을 수不 있겠으며可~歟 삼가지愼 않을 수不 있겠는가可~歟? 게송으로 이르노라頌曰.

옥토끼玉兎 오르내리며昇沈 늙은老 모습을像 독촉하고催.

금 까마귀金烏 출몰하며出沒 세월을年光 재촉하누나促.

명예를名 구하고求 이익을利 구함은求 아침이슬朝露 같고如,

혹은或 괴롭고苦 혹은或 영화로움은榮 저녁연

기夕烟 같도다似.

그대에게汝 은근히慇懃 좋은 도善道 닦기를修 권하노니勸,

속히速 부처 결실佛果 이뤄成 어리석은 무리迷倫 제도하라濟.

이번 생에今生 만약若 이斯 말語 따르지從 않으면不,

다음 생에後世 반드시當然 한스러움恨 무수히 많으리라萬端.

....

옥토(玉兎)
옥토끼. 달.

금오(金烏)
금 까마귀. 해.

연광(年光)
살아온 햇수. 세월

불과(佛果)
수행하여 부처가 되는 것이므로 '부처 결실'이라고 표현함.
'불위(佛位)'라는 말과 같음.

만단(萬端)
수없이 많은 갈래. 여러 가지.

부처님께서는 하실 일 다 하셨는데, 이들은 누굴 위해 울부짖는가.

송강 해설

믿음은 참 귀한 것이다. 바른 가르침에 대한 믿음이나 선지식에 대한 믿음은 능히 인생을 바꿀 수 있다. 그것도 아주 좋은 방향으로 변화시킨다. 그래서 믿음이 모든 것을 성취하는 힘이라고 하는 것이다. 그래서 부지런히 법문도 듣고 정진하는 것이다.

그런데 가끔 듣기만 좋아하는 이들이 있다. 선지식의 눈으로 보면 그들이 겪어야 할 괴로울 일이 뻔히 보이는데도 정작 본인은 알지 못하고 저지른다. 고의로 범한다고 하지만 이 경우는 선지식의 충고를 들었음에도 그 반대로 한다는 뜻이다. 만일 범한다면 정확한 이치를 모르기 때문에 범하는 것이다. 이치를 명확하게 안다면 결과도 미리 알 것이고 따라서 결코 범할 수 없기 때문이다. 그렇지만 가르침을 따르지 않고 선지식의 충고를 무시한다면 그 고통은 자신이 감내할 수밖에 없다. 그것을 두고 산채로 지옥에 떨어진다고 하는 것이다.

　세월은 사람을 기다려 주지 않는다. 영원히 살 것처럼 높은 자리를 탐하고 재물에 눈이 멀지만, 그렇게 해서 얻는 것은 오래 곁에 있지 않는다. 언제 어디에서나 한순간도 떨어지지 않는 것이 자기의 마음이니, 그 마음을 바로 알고 바로 쓰는 것이 좋을 것이다. 그러기 위해서 부지런히 정진하지 않으면 안 된다. 지금 바로 스스로가 자기의 주인공이 되지 않으면 두고두고 종살이를 하게 되는 것이다.

초발심자경문
初發心自警文

발행　2016년 9월 29일

번역 및 해설　시우 송강
사진　시우 송강
펴낸곳　도서출판 도반
펴낸이　이상미
편집　김광호, 이상미
대표전화　031-465-1285
이메일　doban0327@naver.com
주소　경기도 안양시 만안구 안양로 332번길 32

ISBN　978-89-97270-27-9

*이 책은 저작권법에 의해 보호를 받는 저작물이므로
무단 전재와 무단 복제를 금합니다.

인터넷에서 개화사를을 검색하시면 송강 스님을 만나실 수 있습니다.
http://cafe.daum.net/opentem